中学校数学サポートBOOKS

明治図書

中学校数学科

ユニバーサルデザインの授業プラン30

北島 茂樹 編著

UDLの視点で、生徒全員の学びを支える

数学の本質をつかませながら
「わかった」「できた」を引き出すための
授業の手だてが見えてくる

はじめに

　学校現場におけるユニバーサルデザインに深くかかわる研究者から聞いた興味深い話があります。その研究者は，小学校3年のある算数の授業を例に「どの子も楽しく，わかる・できる授業」が学校現場で誤解されている様を教訓としてお話されておりました。
　その授業では，小数の足し算の仕方を考えていく際に，例えば，「0.5＋0.3」のように繰り上がりのない場合のみを扱い，その結果，子どもたちはその授業の中で「小数点の右にある数字同士を足せばよい」というきまりを発見したのだそうです。もちろん，教科書では「0.9＋0.5」のように繰り上がる場合も扱われています。ところが，その授業者は，子どもにとって「わかる・できる」授業を心がけようと，そうした内容にしたのでしょう。授業後，参観者の一人が，近くにいた子どもに「0.8＋0.3はどうなるの？」とたずねたところ，危惧した通り「0.11」という答えが返ってきたそうです。しかしながら，これは子どもの側の問題ではありません。「わかる・できる」を心がけるあまり，小数の足し算の本質を扱わなかった授業者の問題です。
　小数は，整数で扱ってきた「十進位取り記数法」の考えを1より小さい数にも拡張して用いることにその本質があります。十進小数の普及には，1585年に出版されたシモン・ステヴィンの『十分の一法』とその訳本が大きくかかわった一方で，その真の躍進が18世紀末であったそうですから，決して簡単な概念ではありません。そうであるからといって，「わかる・できる」ことを優先して，授業でその本質が扱われないのであれば，本末転倒です。たとえ『十分の一法』は知らなくとも，「十進位取り記数法」は，小学校の算数を貫く本質の一つだからです。
　ただし，そうした例をもとに，「わかる・できる」ことを標榜する授業のユニバーサルデザインの問題と考えるのは早計です。なぜなら，授業のユニバーサルデザインでは，その教科で扱われる本質を子どもが学ぶことが前提にあり，それを実現するために「わかる・できる」ことが求められているからです。そのため，授業者にこそ教科で扱われる本質に対する深い理解が求められるのです。そうであるからこそ，専門性をもった教師が授業を行う中学校数学科では，授業のユニバーサルデザインの実現は，算数科以上に可能性にあふれているといえます。

　では，なぜUDL（学びのユニバーサルデザイン）なのでしょうか。2012年に文部科学省が「通常の学級に在籍する発達障害の可能性のある特別な教育的支援を必要とする児童生徒に関する調査結果」を公表して以降，「知的発達に遅れはないものの学習面又は行動面で著しい困難を示すとされた児童生徒の割合」が推定値で6.5％に達することが学校現場の研修などで取り上げられてきました。そして，通常学級に多様な子どもがいることや，多様な学び方があるという前提で，「誰にとっても学びやすい」授業づくりが模索されるようになってきました。また，発達障害の可能性のある子どもだけでなく，教室にいる子どもたち一人ひとりにとって，

それぞれに「わかり方」があることや，先生にとっての「わかりやすい教え方」が必ずしも子どもの納得につながっていないことなどが学習科学の分野では明らかになってきています。つまり，授業者が「どう教えるか」ではなく，生徒が「どのように学ぶか」を考えることこそが重要なのです。そうした「子どもの学び」に志向したUDLについて，私自身が深く知るきっかけとなったのが，「小学校音楽科および算数科授業のユニバーサルデザインに向けた基礎的研究」の一環で，米国CASTのネルソン先生を招聘して行われたワークショップでした。

　CASTの研究者たちも，はじめは個々の障害に合わせ，「障害を治す」という発想で研究を行っていたのですが，次第に「悪いのは障害があることではなく，その子たちが学べる環境になっていないこと」と気づくようになったのだそうです。それが「多様な生徒がいるのに，言語であれ数式や記号であれ，1つの教え方で進めることに無理がある」という考えにつながります。つまりUDLは，個々に違いをもった「すべての」子どもたちへ，「学び」にアクセスできる機会と方法を提供する，という意味において「ユニバーサル」なのです。

　このように，ユニバーサルデザインの視点は，これまでも通常学級に「いた」であろう多様な子どもの存在を可視化し，さらにUDLの視点は，多様な学び方に対し，授業者の一方的な教え方が，子どもを数学の「学び」から閉め出していたかもしれないことを気づかせてくれます。

　本書では，私自身が実践した授業だけでなく，経験豊かで高い専門性をもつ先生方の実践も合わせ，30の多様な事例をもとに，中学校数学科におけるユニバーサルデザインの授業づくりを提案します。そこで，Chapter 1では，授業のユニバーサルデザイン（授業UD）や学びのユニバーサルデザイン（UDL），生徒の学びを支えるための配慮事項を概観し，学校教育におけるユニバーサルデザインや生徒の実態把握のポイントなど，一連の内容がわかるようになっています。また，Chapter 2では，「箱ひげ図」など，新学習指導要領で扱われる内容も取り上げつつ，個々に違いをもったすべての子どもたちに，その数学の本質をつかませるための数学的活動をどのように実現していくのかを，個々の実践事例をもとに考えていきたいと思います。

2018年6月

北島　茂樹

〈引用・参考文献〉
・デヴレーゼ，ヨーゼフ・T.ら（2009）『科学革命の先駆者シモン・ステヴィン』，朝倉書店
・文部科学省（2012）「通常の学級に在籍する発達障害の可能性のある特別な教育的支援を必要とする児童生徒に関する調査結果について」，http://www.mext.go.jp/a_menu/shotou/tokubetu/material/1328729.htm
・OECD教育研究革新センター（2013）『学習の本質』，明石書店
・阪井恵ら（2017）「小学校音楽科および算数科授業のユニバーサルデザインに向けた基礎的研究」，http://id.nii.ac.jp/1225/00001410/

Contents

はじめに p.2

Chapter 1 | 生徒の学びを支えるために授業をデザインしよう！

▎生徒の学びを支えるためのユニバーサルデザインとは p.8
　▎学校教育におけるユニバーサルデザイン
　▎授業のユニバーサルデザイン（授業UD）
　▎学びのユニバーサルデザイン（UDL）

▎生徒の学びを支えるための配慮事項は何だろう？ p.13
　▎"配慮"に対する基本的な考え方
　▎実態把握のポイント

Chapter 2 | ユニバーサルデザインの授業プラン30

1年

01 数と式／正の数と負の数
負の余りって本当にあるの？ p.16

02 数と式／素因数分解
できないことでできること p.20

03 数と式／文字を用いた式
どうしていつも同じ和になるの？ p.24

04 数と式／一次方程式
答えを求められるようにするためには？ p.28

05 図形／基本の作図
その点ってどこにあるの？ p.32

図形／図形の移動
06 機械を制御しよう　p.36

図形／空間図形
07 辺，角，位置関係に着目しよう　p.40

関数／比例と反比例
08 反比例は比例の反対なの？　p.44

関数／関数関係
09 これは関数関係といってもよいのかな？　p.48

データの活用／データの分布
10 ハンドボール投げの記録を分析しよう　p.52

データの活用／不確定な事象の起こりやすさ
11 試合に勝つための対策を考えよう　p.56

2年

数と式／文字を用いた式
12 どうやって当てているのだろう？　p.60

数と式／連立方程式
13 シュートの本数は何本？　p.64

図形／平面図形の性質
14 三角定規を組み合わせてみると？　p.68

図形／図形の合同
15 プレゼンに強くなろう　p.72

関数／一次関数
16 変化の割合が一定とはどういうこと？　p.76

関数／一次関数の利用
17 どうして面積が大きくなるの？　p.80

データの活用／四分位範囲と箱ひげ図
18 ハンドボール投げの記録を比較しよう　p.84

19 データの活用／いろいろな確率
くじを引く順番は関係あるのかな? ……………… p.88

3年

20 数と式／式の計算
石飛びゲームの最小手数の秘密 ……………… p.92

21 数と式／平方根
平方根で表される数の特徴を考えよう ……………… p.96

22 数と式／二次方程式
連続する整数の不思議 ……………… p.100

23 図形／相似な図形
身近に見つかる相似の性質 ……………… p.104

24 図形／中点連結定理
中点連結定理を用いて図形を考察すると? ……………… p.108

25 図形／平行線と線分の比
三角形の相似条件の証明を考えよう ……………… p.112

26 図形／円
円周角の定理を論証に活用してみよう ……………… p.116

27 図形／三平方の定理
コピー用紙からつくられる四面体の高さは? ……………… p.120

28 関数／関数 $y=ax^2$
間はスルーしていいの? ……………… p.124

29 関数／関数 $y=ax^2$ の利用
どうして放物線が出てくるのだろう? ……………… p.128

30 データの活用／標本調査
辞書にある見出し語の総数を調べよう ……………… p.132

Chapter 1

生徒の学びを支えるために授業をデザインしよう！

生徒の学びを支えるための
ユニバーサルデザインとは

学校教育におけるユニバーサルデザイン

ユニバーサルデザイン（Universal Design, UD）とは，ロナルド・メイス（Ronald L. Mace）が1980年代に提唱した概念で，年齢や性別に関係なく，身体的な特徴にも左右されず，できるだけ多くの人が利用可能であるように製品，建物，空間などをデザインすることにあります。例えば，現在学校で使われている教科書にも，色覚に配慮が必要な児童・生徒のためにカラーユニバーサルデザイン（Color Universal Design, CUD）が取り入れられています。

「障害者の権利に関する条約」の第二条においても，ユニバーサルデザインとは「調整又は特別な設計を必要とすることなく，最大限可能な範囲ですべての人が使用することのできる製品，環境，計画及びサービスの設計」であり，「ユニバーサルデザインは，特定の障害者の集団のための補装具が必要な場合には，これを排除するものではない」と定義されています。

2006年に国連総会で採択され，2008年に発効された同条約が，我が国で批准されたのは2014年になります。同条約が我が国で効力を生じたことで，学校教育でも「インクルーシブ教育」（Inclusive Education）・「合理的配慮」（Reasonable Accommodation）・「ユニバーサルデザイン」（Universal Design）を巡る議論が活発になってきました。

インクルーシブ教育とは，障害をもった子どもも，他の子どもとともに学べるよう配慮した教育であるといえます。つまり，学校教育におけるユニバーサルデザインとは，特定の「学びにくさ」を感じている子どもでも学びやすい授業の形態を追究していくことで，「誰にでも学びやすい授業」づくりがなされることに向けた試みであると考えることができるのです。

授業のユニバーサルデザイン（授業UD）

学校現場で「ユニバーサルデザイン」といった場合，多くの先生が思い浮かべるのがこの「授業のユニバーサルデザイン」ではないでしょうか。ユニバーサルデザインの考えを「授業」に当てはめたもので，図1のような「授業のUD化モデル」にもとづいて説明されます。そのため，「授業のUD化」や「授業UD」とも呼ばれます（以下，「授業UD」と呼びます）。

授業UDは，「発達障害のある子にとって，参加しやすい学校，わかりやすい授業は，すべての子どもにとってわかりやすい授業である」という仮説によって成り立っているのですが，その仮説は，表1のように特別支援教育の視点が授業UDに欠かせない根拠を提供しています。

授業のUD化モデルでは，一番下にある階層は「参加」になります。授業は子どもの「参

加」がなくては始まらないからです。具体的には，中学校数学科においては，数学的活動を通して参加させることを目指します。その上には「理解」の階層がありますが，中学校数学科ではそこに含まれる「焦点化」が大きなポイントとなります。さらに上には，「習得」と「活用」があります。習得されたものは使えるようになることで身につきますが，使うことによって習得が促される側面があるなど，これらの境界は双方向性をもつことから点線で表されています。

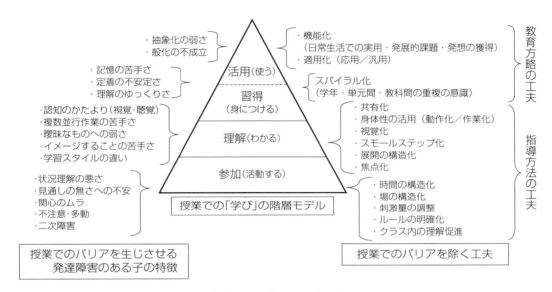

図1　授業のUD化モデル（小貫，2013）

表1　発達障害のある子にとってのバリアとどの子にも起きがちなバリア（小貫，2013）

階層	発達障害のある子にとってのバリア	どの子にも起きがちなバリア
参加	状況理解の悪さ	学習準備の悪さ
	見通しの無さへの不安	全体の進み方の理解不足
	関心のムラ	発言態度の未熟さ
	注意集中困難／多動	気の散りやすさ
	二次障害(学習意欲の低下)	引っ込み思案・自信のなさ
理解	認知のかたより(視覚・聴覚)	指示の聞き落とし，取り違い
	学習の仕方の違い(differences)	得意,不得意の存在
	理解のゆっくりさ(slow learner)	協力した作業の苦手さ，話し合い学習の苦手さ，学習内容を深める苦手さ
	複数並行作業の苦手さ	受けた説明内容の混乱
	曖昧なものへの弱さ	思い込みや断片的な理解をする傾向
習得	記憶の苦手さ	繰り返し学習の苦手さ
	定着の不安定さ	学び続ける態度の弱さ
活用	抽象化の弱さ	知識の関連付けや応用への弱さ
	般化の不成立	日常生活に結びつける意識の低さ

授業UDにおける授業づくりのポイントは，生徒の「聞くだけの時間」をいかに減らせるかにあります。発達障害をもつ生徒が，行動・思考の両面で「不参加」を起こす瞬間は「聞くだけの時間」だからです。もちろん，「聞くだけの時間」を0にすることは不可能です。それなら，活動する時間を増やせばよいのですが，大事なのは，その活動の時間が授業者による誘導や作業ではなく，生徒にとって本質的に「考える時間」になっているかどうかです。

　授業の中で「数学の本質」に気づかせ，その妥当性を論じる過程を通して数学に取り組む楽しさや難しさを感得させていくために，授業者が，その授業において生徒に「考えさせたい」あるいは「捉えさせたい」明確な「山場」をつくることを，授業UDでは「焦点化」と呼んでいます。ここでは，授業で扱いたい数学の本質こそが「焦点」になります。

　ただし，中学校数学科における授業UDでは，この「山場」は授業の「クライマックス」になるとは限りません。例えば，図2のように，後半の展開で生徒が考えていくための「足場」として授業の「山場」を活用していくことも考えられます。こうした2段構えの授業構成は，ものごとを段階的に考える「継次処理」と，全体像を手がかりにする「同時処理」の，それぞれの生徒の認知処理過程にも対応することができます。

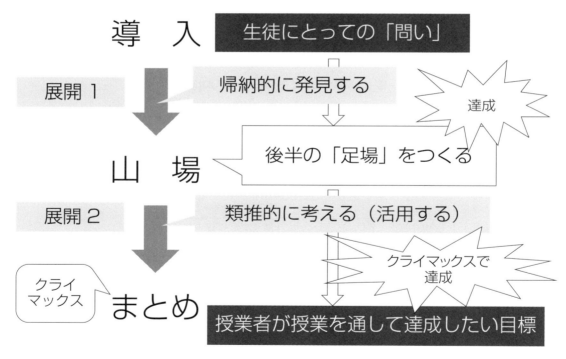

図2　UD化した中学校数学科の授業の構造例（北島，2016）

学びのユニバーサルデザイン（UDL）

　学びのユニバーサルデザイン（Universal Design for Learning, UDL）は，「はじめに」でも触れた米国のCAST（Center for Applied Special Technology）が，30年以上前に小児病院の患者であった障害のある子どもたちに手を差し伸べようと始めた研究者たちの活動に端を発しています（以下，「UDL」と呼びます）。以来テクノロジーの積極的使用などにより，その子が学習しやすいようにするための研究が行われてきました。学び方などの違いに合わせてツールを使い分けられるなど，個々のニーズにあわせたカスタマイズ性や柔軟性こそが，UDLがテクノロジーを導入する理由です。もちろん，数学教育でこれまで知られているソフトやツールも含まれますが，より広いニーズへの対応という意味合いで使われています。

　例えば，ある少年は，脳性麻痺のため手足を動かすことがまったくできず，あごの部分だけを自在に動かすことができました。この少年は，あごを動かしてスイッチを入れる装置が開発されたことで，9歳にして初めて自らの声を伝える手立てを得ました。自らの声をもち，伝えることをどれほど渇望していたことでしょう．彼は現在，弁護士として米国の法律事務所で仕事をしているのですが，子どもにとって「学べる環境」の実現が，いかに重要かがわかります。

　こうした例もあり，CASTの研究者たちは，認知科学・脳科学・神経心理学などの領域にわたる多様な研究を見直し，そこから科学的に実証されたバックグラウンドで裏打ちされたガイドラインをまとめあげました。そのガイドラインは，特別支援教育から出発しているのですが，天才児のような子どもでも使うことができます。つまり，「すべてのことは，それを学ぶ方法が1つしかないわけではなく，多様な方法で学ぶことができる」という立場にUDLは立っているのです。このように，UDLは「すべての子どもがあらゆる学びにアクセスできる機会と方法」を提供する，子どもの学びを実現するためのユニバーサルデザインであるといえます。

　UDLとは，学習科学にもとづいた次の3つの原則をめぐって構造化された指導のフレームワークです。これらは，学習において主要な役割を担う3つの脳のネットワーク（認知，方略，感情のネットワーク）を投影しています。

> Ⅰ．認知的学習を支援するために，提示に多様な手段を提供する。（学習の「What」）
> Ⅱ．方略的学習を支援するために，行動と表出に多様な手段を提供する。（学習の「How」）
> Ⅲ．感情的学習を支援するために，取り組みのための多様な方法を提供する。（学習の「Why」）

　また，2002年に制定された米国の「どの子も置き去りにしない法」（No Child Left Behind Act, NCLB法）もUDLと無関係ではありません。つまり，子どもが置き去りにされてしまうのは，従来の「均質な力を持つ子どもの集団」を仮定しターゲットにしたカリキュラムに問題があるのであって，どの子も置き去りにしないために，障害のある子も含め，学び方が異な

る多様な子ども一人ひとりに学びを保障するためにUDLが注目されるようになったのです。

　学校数学における例では，カナダで行われたUDLの実践に関する研究があります。幾何分野にはテクノロジーとして動的幾何学ソフトウェアを用いたようなのですが，UDLの原則を採用し，すべての生徒がアクセスできるカリキュラムを作成したことで，障害児や天才児を含む，すべての生徒が数学に熟達したり，PISAの過去問を用いたテストでも達成度が大幅に改善されたりしたとのことです。興味深い報告の一つに，「UDLの原則は，教師を，数学を教えるための手順という台本の呪縛から解き放つ」というものがありました。それは教師の変化です。

　日米を往来しながらUDLの普及に尽力されているバーンズ亀山静子先生が『UDL　学びのユニバーサルデザイン』で述べているように，「学びのエキスパートを育成」することがUDLの究極的な目標であり，UDLの導入実施には，教師のマインドセットの転換が最も重要になります。つまり，教師の役割が，子どもに「知識を授ける」側から「学びを傍から支援する」側へと転換することが求められるのです。

　さらに，生徒の「学び」を実現していくために，ゴール・評価・教材・指導方法をデザインしなくてはなりません。ゴールは，生徒に適切なチャレンジを提供しますが，中学校の数学であれば，そこには「数学の本質」が含まれてくるでしょう。評価（アセスメント）については，これまでの学校教育で行われていた「値踏み」のような「評価」を想定してしまうと誤解が生じるかもしれません。UDLによる子どもの学びの実現には，生徒が何を知っていて，何を理解しているのか，学習のどこにいるのか，その過程で何をフィードバックするのか，を含む「学びのためのアセスメント」（Assessment for Learning, AFL）が深くかかわります。そのため，教材や指導方法は，生徒がそこにアクセスでき，チャレンジでき，適度なサポートができ，個々の学習者に最適なゴールを達成させられるようデザインする必要があるのです。

　授業UDもUDLも，数学科で行う以上，そのデザインには生徒につかませたい「数学の本質」が含まれます。Chapter 2の実践事例は，それぞれがユニバーサルデザインの授業づくりに向けた提案になりますので，それらをヒントにぜひとも授業実践を試みてください。

〈引用・参考文献〉
- CAST（2018）Universal Design for Learning, http://www.cast.org/
- Friesen, S.（2016）Assessment for Learning in a Math Classroom, *Leadership of Assessment, Inclusion, and Learning*, Springer, pp.141-170
- 外務省（2018）「障害者の権利に関する条約」, https://www.mofa.go.jp/mofaj/gaiko/jinken/index_shogaisha.html
- ホール，トレイシー・Eら（2018）『UDL 学びのユニバーサルデザイン』，東洋館出版社
- 北島茂樹（2016）「『全員参加』の数学授業に向けて」『授業力＆学級経営力』2016年2月号，明治図書，pp.54-57
- 小貫悟（2013）「通常学級の学級における授業改善」『LD研究』第22巻 第2号，pp.33-37
- 文部科学省（2012）「共生社会の形成に向けたインクルーシブ教育システム構築のための特別支援教育の推進（報告）」, http://www.mext.go.jp/b_menu/shingi/chukyo/chukyo3/044/houkoku/1321667.htm
- 齊藤由美子（2010）「通常のカリキュラムへのアクセスとそこでの向上」『世界の特別支援教育』24，pp. 53-62

生徒の学びを支えるための配慮事項は何だろう？

"配慮"に対する基本的な考え方

　"特別な教育的ニーズ"のある生徒というと，特別支援教育の枠組みを思い描くことが多いように見受けられます。そこには，医学的に説明されるような何らかの障害がイメージされている場合も少なくありません。しかし，"特別な教育的ニーズ"とは障害の有無ではなく，ある生徒にとっての学びを支えるうえで必要なサポートと考えるべきだと思います。したがって，子どもの多様性に対応しようとするUDLの視点が含まれた授業づくりは，"特別な教育的ニーズ"のある生徒たちに対する合理的な配慮にもつながります。

　合理的配慮は，もともと"Reasonable Accommodation"の訳語です。すなわち配慮を考えるうえでは"Accommodation"が基本となるわけです。これと似た言葉で"Modification"があります。これらはどちらも"配慮"と訳すことができるかもしれませんが，本質的には違うものです。もう少し異なる訳し方をすると，"Accommodation"は「順応，適応，調停」など，"Modification"は「修正，変更」などとなります。

　本書のChapter 2では30の事例が取り上げられていますが，それぞれの節に授業のねらいと生徒につかませたい数学の本質がまとめられています。"Accommodation"では，授業のねらいを変更するのではなく，周囲の環境を整えることで，生徒を順応させて数学の本質を身につけさせようとするわけです。数学の本質とは関係のないところでつまずいていて，授業のスタートラインに立てていない生徒に何らかのサポートをすることで，学びを支えていくことが本来の配慮だと考えます。

　しかし，中学生にもなると，それまでに身につけてきた力に大きな個人差が出てきます。順応させるだけのサポートだけでは，生徒に負担がかかりすぎて，学習が嫌になってしまうことでしょう。したがって，課題を軽減したりねらいを変更したりする必要が出てきます。つまり，適度な"Modification"が必要になってきます。

　安易に学習レベルを下げることなく，一人ひとりの生徒に必要な配慮をバランスよく行っていくためにも，まず先生方が，授業のねらいとつかませたい数学の本質を理解していることが大切だと思います。

実態把握のポイント

　適切な配慮を行うためには，まず生徒の実態を把握し，どのようなことが原因で学習につまずいているかを見極める必要があります。ポイントとして次のようなことが挙げられます。

①数学的予備知識

　「本時のねらい」を実現するために必要な最低限の基盤となる数学的な知識・技能が身についていない生徒は，いわゆるお客様になってしまいます。生徒一人ひとりについて，その知識・技能がどの程度身についているかは第一に行うべき実態把握の視点です。例えば計算力は，どの単元を学ぶときも重要な基盤としての知識・技能であることは間違いないでしょう。しかし，ほとんどの授業では計算することが「本時のねらい」ではないはずです。電卓を活用して作業効率を上げることで，「本時のねらい」を実現しやすくするのはUDLの視点といえるでしょう。特定の生徒だけでなく，全員に電卓を配付しておくことは教育的な配慮といえます。また，公式が十分に定着していない生徒や，いくつもある情報（例えば図形の性質）をなかなか覚えられない生徒を意識して，公式集を用意することなども授業展開をスムーズにする工夫といえるでしょう。

②基本的学習スキル

　ここでは文部科学省のLD（学習障害）の定義に挙げられている"聞く・話す・読む・書く・計算する・推論する"力のことを基本的学習スキルと考えます。例えば，書く力が弱い生徒に，ノートを取ることを過度に要求すると，授業中先生の話を聞くことが難しくなります。聞いてさえいればわかることまでわからなくなってしまうので，せっかくの授業が意味をもたなくなり，本末転倒です。一般的には行のノートを使う生徒が多いと思いますが，方眼罫のノートを使うことで，グラフや図形がかきやすくなるだけでなく，位取りが正確にできて計算間違いを減らすこともできます。場合によっては，ノートを取るのではなく，必要なところをカメラで写すといった代替手段を用いることも考えてもよいでしょう。本来身につけさせたい思考力・判断力・表現力等の育成に集中できるような配慮を考えることが望ましいと思います。

③身体的特性・認知的特性

　基本的学習スキルの獲得状況の背景にあるのが，身体的特性・認知的特性です。これらの特性に着目することで，適切な配慮の仕方が見えてくるでしょう。例えば，黒板を写すことが苦手という事実一つ取っても，様々な可能性があります。身体的特性としては，微細運動が苦手（いわゆる不器用）とか，眼球運動がスムーズでなく黒板とノートを行き来するピント合わせに時間がかかるなどといったことが考えられます。また，認知的特性としては，ワーキングメモリ（一時的な作業時の記憶）が弱く何度も黒板を見直す，注意集中（注意を向ける，注意を持続する，外部の妨害刺激に反応しないなど）が適切ではなく聞きながら書くなどの同時作業が困難といったことが考えられます。もちろん，このような特性によって学習に影響を及ぼしているのは，数学に限ったことではありません。しかし，数学の先生は，生徒が数学を学びやすくなるような助言ができるとよいでしょう。

〈参考文献〉
・下村治（2015）『どの生徒にもやさしい　数学授業のユニバーサルデザイン』，明治図書

Chapter 2

ユニバーサルデザインの授業プラン30

01

数と式

正の数と負の数

負の余りって本当にあるの？

授業の概要

　生徒たちは，小学校で除法について「被除数」，「除数」，「商」及び「余り」の間の関係を調べることで，「(被除数)＝(除数)×(商)＋(余り)」と表すことを学んでいます。また，2で割ったときに割りきれる数が「偶数」で，2で割ったときに1余る数が「奇数」であることも学んでいます。そのため，負の数についても「奇数」や「偶数」が存在するだろうということを生徒たちは自然に考えます。また，生徒たちは，小学校のときは0に近づくほど数は「小さくなる」と学んできたのですが，負の数が導入されると，負の方向に向かって0から離れるほど「小さくなる」ことを学びます。つまり，負の数が導入されることで小学校とは「逆のことが起きる」とも考えるのです。では，小学校で学んできたように，負の数の「奇数」も2で割ったときに1余るのでしょうか。それとも，負の数の「奇数」は，小学校とは逆のことが起きて－1余るのでしょうか．生徒と一緒に考えてみたいと思います。

問題

－3を2で割ったとき，余りはどのように表されるのでしょうか。

授業のねらい

　生徒にとって「当たり前」だと考えていた「余り」について，負の数を学ぶことでそれが「当たり前」でなくなる不思議さを生徒と一緒に解き明かしていきます。負の数が導入されても四則演算が「成り立つ」べくに定義されたように，「余り」も同じように定義できるのか考えていくところにこの教材の面白さがあります。

生徒につかませたい数学の本質

　この教材は，剰余にまつわる考え方，特に剰余類の考え方は，我々にとっても身近な暦など，「繰り返し」起こる現象の中にも使われており，周期があるものの中に「同じもの」を見いだすときなどに使われています。また，自然数あるいは整数をある特定の自然数で割ったときの剰余に注目し，自然数あるいは整数に関する問題を解決する一連の方法であるモジュラ演算（modular arithmetic）は，「フェルマーの小定理（Fermat's little theorem）」や初等整数論における「オイラーの公式」とともに，現在の Web 上での暗号技術などの基礎になっています。

　もちろん，高校数学では，「余り」は 0 以上の整数として定義していますが，絶対値が小さい方を「余り」と定義する「絶対値最小剰余」のように「負の余り」も存在します。また，絶対値最小剰余は，ユークリッドの互除法の演算手順を速くすることが知られており，任意の整数 m と正の整数 n に対して，q を商，r を余りとして，次のように定義されます。

$$m = nq + r \quad \left[-\frac{n}{2} \leq r \leq \frac{n}{2}\right]$$

知識及び技能	思考力，判断力，表現力等	学びに向かう力，人間性等
被除数，除数，商及び余りの間の関係を理解する。 正の数と負の数の意味を理解する。	観点を決めて整数を類別する仕方を考える。 正の数と負の数を具体的な場面で活用する。	既習を用いて，負の奇数も 2 で割って 1 が余るのか，あるいは－1 が余るのかを考えようとする。

ユニバーサルデザインの授業づくりに向けて

　本授業のゴールは，「負の余りもある」ことをわからせることではありません。例えば，負の数が導入されると，数に大小関係があることは同じですが，小学校のときは 0 に近づくほど小さくなった数は，負の方向に 0 から離れるほど小さくなります。このように，負の数を学んだことで小学校のときと同じ点や異なる点について，当たり前のように考えていた余りについても，既習をもとに考えていくプロセスを通して捉えられるようになることが大切です。そのため，生徒が学びに参加するための土台を整えることは重要です。例えば，商や余りの関係を覚えていない生徒がいた場合，生徒同士の対話を通して，再確認していくとよいでしょう。

学びの土台	学びの過程	学びの成果
●	●	

授業の実際

(1) **奇数と偶数について確かめる**

T 小学校では，奇数と偶数はどのように習いましたか？
S 確か，2で割ったときに割りきれる数が偶数だったと思います。
S 奇数は，2で割ったとき，1余る数でした。
T 0は奇数と偶数のどちらですか？
S そんなの，偶数に決まっているよ。
S 整数は，奇数・偶数・奇数・偶数…って続いていて，1は奇数だから，1の前の0は偶数になるんじゃないかな…。

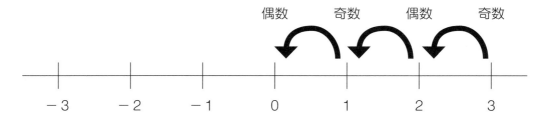

T なるほど，奇数と偶数は，奇数・偶数・奇数・偶数…と繰り返し交互に表れるのですね。それでは，2で割ったときの余りはどうでしょうか？
S 0って割れるの？
S 2で割った余りは0になるんじゃない？
S なんで？
S え，だって，商が0って考えたらいいんじゃないの？！
T もう少し詳しく教えてください。小学校ではどのように習ったのですか？
S （黒板の前で板書しながら）こんなふうに習ったよね？

$$\begin{array}{ccccccc} 割られる数 & = & 割る数 & \times & 商 & + & 余り \\ 0 & = & 2 & \times & 0 & + & 0 \end{array}$$

割られる数が0で割る数が2だから，こんな感じで考えたんだけど…。
T 習ったことを使って説明してくれました。確かに，0は偶数になりますね。

> **ポイント** 生徒が小学校の既習を用いて，奇数と偶数の定義や，奇数と偶数が交互に繰り返し表れること，被除数・除数・商・余りの関係を自身の言葉で説明できるようにします。

(2) －3が奇数としたときに余りはどうなるか考える

T それでは，－1や－2や－3は奇数・偶数どちらになるでしょうか？
S －1は奇数，－2は偶数，－3は奇数じゃないんですか？
T 本当にそうですか？
S え，同じじゃないの？　だって，奇数と偶数って交互になるんでしょ?!
S －2は2で割りきれるんだから，絶対に偶数だよ。
S －2が偶数なんだから，－1や－3は普通に奇数でしょ?!
T －3で考えてみましょうか。－3は2で割った余りはいくつですか？
S 3は2で割ったときに余り1だったから，－3を2で割った余りは－1になるんじゃないんですか？
S 正の数と負の数は0をまたいで正反対になるから，余りも反対になるんでしょ?!

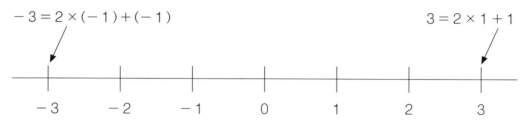

T 小学校では，奇数は2で割ったときに1余る数でしたよね？
S －3も2で割ったら1余るんですか？
T 少し，隣近所で「－3も2で割ったら1余る」かどうかを考えてみましょうか。
（隣近所で，話し合いや，問いの意味がわからない者には教え合いや問答が行われる）
S －3を2で割ったときに，余りを1にできると思います。商を－2にしたらできました。
S どういうこと？
S だって，2×(－2)は－4でしょ。そこに1を足したら－3になるから，商を－2にしたら，「－3＝2×(－2)＋1」って表せるでしょ。
T 余りが1になるように，商を考えてみたのですね。このように考えると，－3も2で割った余りが1になりますね。

> **ポイント**　余りを1にするように商を考えることで，小学校の既習に矛盾のない形で商と余りを定めることができることを確認します。そのうえで，負の余りを考えてみてもよいでしょう。

〈参考文献〉
・北島茂樹（2012）「今後の数学の学習への期待が高まる『ちょっと背伸び』ネタ」『数学教育』No.653，明治図書

02

数と式

素因数分解

できないことで
できること

授業の概要

やや複雑な数の素因数分解に電卓などの機器を用いて挑戦します。結果として，複雑な数を分解する手順は生徒によって様々ですが，整理するとただ一通りに決まることをまとめます。一方で，現在の人間の力で計算できる限界があり，そのことが暗号作成などの日常に役立っていることに触れます。

問題

> 次の数を素因数分解しましょう。どのようなことに気づいて，どのような手順で進めたかわかるようにメモしておきましょう。電卓を使って計算してもかまいません。
> (1) 2016
> (2) 362880
> (3) 1005973

授業のねらい

既習事項である倍数の見分け方を利用して，効率よく素因数分解を進めさせ，素因数分解の一意性に気づかせます。また，電卓を活用することで手計算に労力をかけず，数の面白さや不思議さを体験させます。さらに，計算が困難なことで日常に役立っているという逆説的な学問の魅力を伝えます。

生徒につかませたい数学の本質

　素因数分解で特徴的な一意性は，のちの因数分解でもポイントになります。このことが高次方程式の解法につながっていくという学習の流れを教師が理解し，高校数学に生徒が興味をもつよう働きかけたいところです。

　また，素因数分解の学習を計算ができることだけに限定してしまうと，ただのトレーニングでしかなく，学びに向かう姿勢を育てることにつながりません。多くの生徒は，数学の問題には必ず答えが一つあるという先入観をもっているため，問題が解けたかどうかで一喜一憂するだけの学びが定着してしまいがちです。そのような生徒たちにとって，大きな数は素因数分解が困難であることが逆用され，RSA暗号など日常生活で利用されているという事実は興味深いものです。このことを，現在の人間の知力の限界と可能性に触れられる材料として，学び続ける原動力にしましょう。

知識及び技能	思考力，判断力，表現力等	学びに向かう力，人間性等
素因数分解では，分解の順序を変えても，整理すると結果は同じ素数の積になることを知る。	約数・倍数の性質を用いて複雑な数を効率よく分解し，見やすい形に整理して表す。	大きな素数の存在が，数学の問題を難しくしている一方で，日常に活用の方法を提供していることに興味をもつ。

ユニバーサルデザインの授業づくりに向けて

　生徒は小学校で，倍数や約数について学んできています。ただし，計算に困難を感じる生徒がいることも事実です。またそれは，特性であって本人の努力不足であるとは限りません。そうした場合は，専門家との連係も必要になりますが，いずれにせよ生徒の実態把握が，学びの土台づくりには重要になります。そのため，必要に応じて電卓を使用するようにし，その生徒にとって何がゴールになるのか，学びの成果になるのかを見きわめていくことが大切です。また，計算については，生徒の実態に応じて，最初はあまり大きな数でなくてもかまいませんし，素因数分解の一意性についても，Wolfram|Alpha（日本語にも対応）のように入力した計算結果を様々な形で示してくれるサイトもありますので，逆に，素因数分解をした結果から，なぜそのように分解されるのかを考えさせてもよいでしょう。

学びの土台	学びの過程	学びの成果
●		●

授業の実際

(1) 既習事項を活用して効率的に課題を解決する

　2016は，偶数であると同時に各位の数の和が9であることにも気づきやすく，既習事項が使いやすい数値です。生徒から様々な手順が引き出せるため，授業を予想通りに展開しやすくもあります。2016年の入試問題で頻出しているため，現実的なモチベーションアップも容易です。

T　数学の先生って数字遊びが好きな人多いから，2016年は問題がつくりやすいね。
S　アホくさ！
T　そういわないでつき合えよ。
S　足したら9じゃん！
T　あっ，さっそく使ったね。いいね！
S　えー，2で割った方が早いよ。
T　かもねー。まずは好きにやってみてー。
S　これ簡単じゃん！

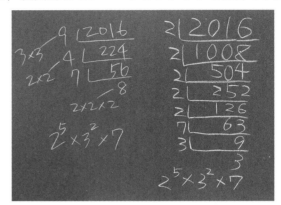

> **ポイント**　パッと見た感覚で様々な手順が導き出せる問は，生徒の意見を拡散させやすく，得意な生徒が声を上げてくれることで，苦手な生徒も巻き込みやすくなります。

(2) 数の面白さや不思議さを味わう

　362880は，9！という特徴的な数値です。少し素因数分解から離れるかもしれませんが，主に数値計算を行うこの単元で，のちの学習の種をまいておきましょう。

T　ところで，1，4，9，16，25，36，この次は何でしょう？
S　49！
T　あるきまりにしたがって並んでいる数字のことを，数列といいます。では，1，2，6，24，120の次は何でしょう？
S　720かなぁ。
T　よくわかったね。どんなきまりを見破ったのかな？
S　順番に数字を掛けた。
T　すごいね。じゃあ，その先を電卓で続けてみて。

> **ポイント**　いずれ理論を学ぶことを見越して，体験的な活動を学年の低いところで行うことが，学習の定着を促進します。

(3) 学問の限界と可能性を考える

　1005973は，三桁の最大素数997と四桁の最小素数1009の積です。もともと知っている生徒以外に正解は出ません。スマートフォンなどの進化に伴って，その安全性を数学が支えているという事実で生徒を驚かせたいところです。

T　これは難しいね。997×1009が正解です。
S　そんなんわかるわけねーじゃん!!
T　いいことに気づいたね。誰にもわからないことが，この問題のポイントだよ。
S　はぁ？　なにそれ！
T　実は，これが暗号の仕組みなんだ。みんなが送っているメールも実は暗号化されていて，第三者には解読できないんだよ。
S　…
T　詳しい機械上の仕組みは専門的すぎて，数学の話を超えちゃうんだけど，計算が困難だという事実が役に立っているということを少し話すね。

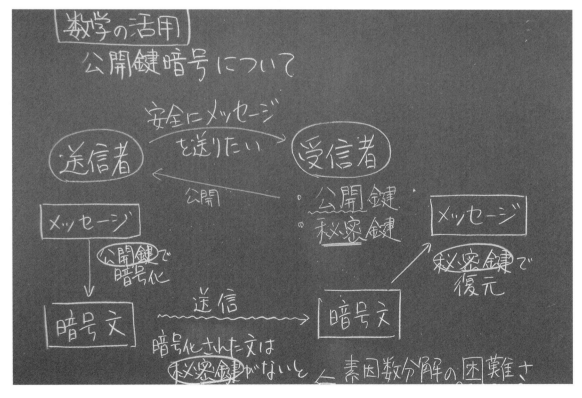

> **ポイント**　数学ができると，日常生活で直接的にいいことがあるというレベルではなく，より深い背景的な話によって，できないことでも学ぶ価値に変えていけます。

03

数と式

文字を用いた式

どうしていつも同じ和になるの？

授業の概要

電話機の番号入力ボタンなどに見られる1〜9の数字を使う教材は，小学校でもしばしば見かけます。そのため，本授業の問題のように4つの三桁の数字の和が「2220」になる理由を考えることは，生徒にとってもそれほど難しい内容ではありません。そこで，生徒が説明のために文字をおき，式を用いて「いつでも成り立つ」ことを考察し，それを示していく活動を行います。

問題

電話の数字は，図1のように並んでいます。まず，中心の「5」の周りの8つの数字を使って，時計回りに三桁の数をつくっていきます。例えば，図2のように「1」を起点にして時計回りに三桁の数をつくった場合，次の4つの数になります。

123, 369, 987, 741

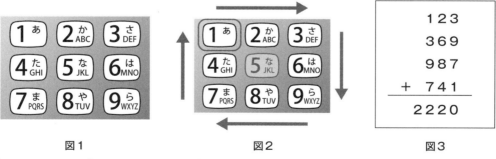

図1　図2　図3

次に，図3のようにその4つの数字の和を求めると，「2220」になります。
他の数字から始めた場合はどうなるでしょうか，確かめてみましょう。

授業のねらい

　4つの三桁の数の和がいつも同じになる場面を設定し，数字の選び方を変えて観察するなどの具体的な操作を通して，なぜそれらの数の和がいつも同じになるのかについて考察することで，それが成り立つ理由について，文字を用いて説明できるようにします。

生徒につかませたい数学の本質

　この教材では，どの数字から始めても，「1，3，7，9」か「2，4，6，8」が必ず同じ位の中で足し合います。また，「5」を中心として考えたとき，「9と1」は5±4，「8と2」は5±3，「7と3」は5±2，「6と4」は5±1と和をとると互いに打ち消し合うことで「5」だけが残ることがわかります。それは，反時計回りでも同じです。生徒にはまずその構造を，文字を用いて考察させたいところです。生徒たちは小学校で，aやxを用いて数量の関係に着目して簡潔に式に表すことを学んできていますが，さらに文字を用いて式の計算をする場面も授業の中で扱うことで，文字を用いるよさを学ばせるようにします。

知識及び技能	思考力，判断力，表現力等	学びに向かう力，人間性等
数量の関係を，文字を用いた式で表すことができることを理解する。	具体的な場面と関連づけて，一次式の加法の計算を用いて考察し表現する。	数量の関係を，文字式を用いて表そうとしたり，読み取ろうとしたりする。

ユニバーサルデザインの授業づくりに向けて

　本授業で扱う計算は，各位ごとに足し算を行いますのでそれほど大変ではありませんが，学びの土台として生徒の実態把握は必要になります。授業の進め方としては，生徒には，時計回りや反時計回り，どの数字から始めるのかなど条件を変え，具体的な観察をいくつか行わせるようにします。その観察からわかったことから，問題に対して「いつでも和が2220になる」ことを一度まとめとして提示してもよいでしょう。ただし，和がいつでも2220になる理由を考える場面を丁寧に行うためにも，そこにはあまり時間をかけたくありません。どこに文字をおくのか，どのようにおくのかを価値づけ，生徒間で共有できるようにすることが大切です。

学びの土台	学びの過程	学びの成果
●		●

授業の実際

(1) 問題について具体的に観察する

T 今日は，この数字の部分（図4）に隠れた不思議について考えてみたいと思います。

図4

S 魔方陣ですか？

T なるほど，数字のところを見ると魔方陣にも見えますね。それではこの「5」の周りの1，2，3，4，6，7，8，9の中から好きな数字を一つ選んでください。

図5

S じゃあ，「6」で。

T みんなもノートで確かめてみてほしいんですけど，まず，時計回りで「6」から始めて4つの三桁の数をつくっていきます（図5）。

　　　　698　　874　　412　　236

S 「6」から始まって，「6」に戻るんですね。

T 次に，この4つの数を足してみてください。いくつになりましたか？

S 2220です。

T 皆さんも，2220になりましたか？　もう一度，別の数字でやってみましょうか。

S うーん…，「7」はどうですか？

T 「7」から始めて，さっきと同じように4つの数をつくります。

　　　　741　　123　　369　　987

S この4つの数を足したら，また2220になりました。

S これ，反時計回りに数をつくっちゃダメなんですか？

T では，他の数字や反時計回りでも試してみてください。
（各自計算をして確かめる）

S どれでやっても，2220になる。

S 反時計回りでも，同じだよね。

T 何が同じなのですか？

S 同じ数が使われているから，入れ替わっているだけ。

図6

S あと，どの数字から始めても，位の中では同じ数字を足している（図6）。

T それは本当でしょうか？　4つの数の和はどうして2220になるのでしょうか？

> **ポイント**　まず問題を生徒に捉えさせるために，具体的な計算から始めていきますが，数字を変えたり反時計回りにしたりするなど，いろいろな場合を試して観察させてみます。

(2) **文字を用いて考察する**

S 文字をこのようにおいて考えてみました（図7）。5を中心にして対角線にくる数を足しているから、位の中にある4つの数を足すと絶対20になる。

S a と $-a$、b と $-b$ のように打ち消しているね。

S もしかして、文字の数って減らせるんじゃない？

T どのように考えましたか？

S 1の a と4の d だけ残して、こんなふうに考えました（図8）。

S そうだよね、2つになるよね。

S 1を基準にしたら、もう1つ減らせるよ（図9）。1つの文字でも、対角線にくる数は足して10になるから、足すと20になるでしょ。

T なるほど、1を基準にすると、1つの文字だけで表すことができたのですね。他の数字を基準にして考えてみた人はいませんか？

S 5を基準にしてみました。

T 5を基準にすると、どのように表せますか？

S 5を a にして、それぞれの数字はこう（図10）表せるから、例えば9と1は、$a+4$ と $a-4$ が打ち消し合って $(a+4)+(a-4)=2a$ になって、$a=5$ だから $2a=10$。

S 4つの三桁の数のつくり方は次のどっちかだから、各桁を計算してそれぞれ $4a$ になりますよね。さっきと同じで、$a=5$ だから $4a=20$。だから繰り上がって2220になる。

百の位	十の位	一の位		百の位	十の位	一の位
$a-4$	$a-3$	$a-2$		$a-3$	$a-2$	$a+1$
$a-2$	$a+1$	$a+4$	か	$a+1$	$a+4$	$a+3$
$a+4$	$a+3$	$a+2$		$a+3$	$a+2$	$a-1$
$a+2$	$a-1$	$a-4$		$a-1$	$a-4$	$a-3$

S すごい、納得できた。

1 a	2 b	3 c
4 d	5 なし	6 $10-d$
7 $10-c$	8 $10-b$	9 $10-a$

図7

a	$a+1$	$d-1$
d		$10-d$
$10-(d-1)$	$10-(a+1)$	$10-a$

図8

a	$a+1$	$a+2$
$a+3$		$10-(a+3)$
$10-(a+2)$	$10-(a+1)$	$10-a$

図9

$a-4$	$a-3$	$a-2$
$a-1$	a	$a+1$
$a+2$	$a+3$	$a+4$

図10

> **ポイント** 小学校で学んだように、数量の関係に着目して式に表すことから始まり、ともに考えることで洗練していく過程を確認し、計算後も残る構造に気づかせるようにします。

〈参考文献〉
・北川惠司（2007）『Why? 数の不思議あそび』、サイエンティスト社

04

数と式

一次方程式

答えを求められるようにするためには？

授業の概要

　本授業は，濱出和隆先生（札幌市立白石中学校）の授業がもとになっています。授業の前半では，次の問題1を生徒たちにチェックさせ，どの数字を直せばよいのかを，それぞれの数字に着目して考えてもらいます。次に，生徒に方程式の文章題をつくらせ，方程式の問題をつくる際に気をつけなければならない点について考えてもらうようにします。

問題

【問題1】

　佐藤先生は，スーパーに買い物にいきました。1個200円のお菓子を何個か買って，1500円を出したら，お釣りが400円でした。佐藤先生は，お菓子を何個買ったのでしょうか。

　しかし，方程式をつくって解いてみると，この問題は答えが求められないことがわかりました。答えを求められるようにするためには，どこをどのように直せばよいでしょうか。

【問題2】

　1個100円のドーナッツと1個＿＿＿＿円のケーキを合わせて＿＿＿＿個買いました。その合計金額が＿＿＿＿円のとき，ドーナッツとケーキをそれぞれ何個買いましたか。

　この問題で方程式が成り立つように，それぞれの数字を決めてみましょう。

授業のねらい

　生徒が，具体的な事象の中の数量関係を方程式に置き換えて解くことができるようになるとともに，日常の生活の中にある具体的な場面について考えることを通して，方程式を利用することのよさに気づいて，方程式を利用して問題を解決できるようにします。

生徒につかませたい数学の本質

　方程式を立てて考える場面とは，未知の数量を含む問題を解決しようとするときですから，方程式は未知の数量を表す未知数について，成り立つ関係を表した等式ということになります。だからこそ，方程式の中の文字は，xとして表現されます。そして，その値を代入するなど，その条件を満たす値を調べることで見つけることも含め，その未知数に入る値がわかったとき，その方程式は解けたといえます。また，その値を等式の性質を用いて式変形することを通して，代数的に解くことは，解を求めることでもあります。本授業では，等式の関係を満たしつつ，条件に合った解を求めることができるように一元一次方程式をつくる活動を通して，一元一次方程式とは何であるのかについて，生徒につかませていきたいと思います。

知識及び技能	思考力，判断力，表現力等	学びに向かう力，人間性等
一元一次方程式を解くことができ，解の意味を理解して吟味することができる。	等しくなる関係において，文字を決めて一元一次方程式で表す。	一元一次方程式を用いた問題解決の過程を振り返って検討しようとする。

ユニバーサルデザインの授業づくりに向けて

　この活動において，生徒が学びの過程に参加するためには，移項を含む式変形が求められますが，全員が習熟しているわけではありません。本授業の中でも，移項の意味がわからない生徒が「それどうやって式変形しているの？」と班の仲間に話しかけ，両辺に同じ値を加えて計算することや，なぜ同じ値を加えるのかを一緒に考える中で等式の意味や移項を利用した方程式の解き方，方程式の意味を理解していく姿が見られました。それが，その生徒にとっての学びの成果にもつながっています。個別に取り出すことだけが手だてではありません。

学びの土台	学びの過程	学びの成果
	●	●

Ⅰ 授業の実際

(1) 提示された問題をチェックする

T 皆さんは普段，文章題を解くことはやっていると思うんですが，今日はちょっと視点を変えて，「文章題をつくる」ことについて考えてみたいと思います。文章題をつくるときに，どんなことを気をつけたらいいと思いますか？

S 問題をつくるときに，両辺を…，答えになるのを一緒にすることです。

T では，まず問題を見ていきたいと思います。

T （問題1を提示）まずは，皆さんにこの問題をチェックしてもらいたいと思います。

S でも，何個買ったんだろ…。

S だから，それを x って考えるんだろ。

T 答えを出すだけじゃなくて，問題自体をチェックしてもらいたいんです。

S 問題が間違っているってこと？

T そういうことも含めて，チェックしてみる必要がありますね。

S お菓子の数，おかしくないですか？ お菓子を x とおいて，方程式を解いてみました。

T どんな方程式になったのですか？

S えっと，$200x+400=1500$ って考えてみました。400を右辺に移項して，$200x=1100$ になるから，両辺を200で割って x は5.5になります。

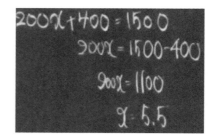

T あれ，答えが出ましたよね。答えが出るのなら，どこもおかしくないんじゃないですか？

S お菓子の数だから，5.5って5個と半分ってことになるから，おかしいです。答えは「3個」とかの整数じゃなきゃダメだと思います。

S あ，でもお菓子の個数だから，正の数じゃないとダメじゃない?!

T じゃあみんな，どこを直せばいいでしょうか？ 佐藤先生のところを山田先生に変えますか？

S それじゃダメですよ。直すとしたら，お釣りか，出したお金を変えないと。

S お菓子の値段もじゃない?!

T では，「お釣りの金額」「支払った金額」「お菓子の値段」で考えてみましょうか。

ポイント 答えを求めることができるようにするためには，問題のどの値を変えればよいのかを見いださせて，そのうえで，問題が成り立つように値を考えさせていきます。

(2) 条件を満たす問題を作成する
T では次に，みんなには問題をつくってもらいたいと思います。
T （問題2を提示）先ほどの問題を直した経験を活かして，空欄に入る数字を決めてもらいたいと思います。班で一緒に考えてみてください。
T （班での活動時間）これはある班がつくってくれたのですが，ちょっと困っているようなんです。だから，みんなからヒントをもらいたいな，と考えています（書画カメラにワークシートに書かれた問題を写して提示）。

> 1個100円のドーナッツと1個150円のケーキを合わせて6個買いました。
> その合計金額が1500円のとき，ドーナッツとケーキをそれぞれ何個買いましたか。

T これを解くと，困ったことが起きるんです。ちょっと解いてみてください。
S わかった，$x = -12$になる。
S ホントだ，個数なのにマイナスになっている。
T そうなんです。では，どこを直せばいいんでしょうか？
S わかった，やっぱ，問題をつくるうえで，答えはわかってなきゃいけないんで，例えば，合わせて6個買ったとして，ケーキを2個買って，ドーナッツを4個買って…。
T まず，買ったドーナッツとケーキの数を決めるんですね。
S それを計算して700円になるから，代金の合計を700円にすればいい。
T この場合，何と何が等しくなればいいの？
S ケーキとドーナッツの代金の合計と，合計金額が等しくなるようにすればいいと思います。
T つまり，どんなところに気をつければいいんでしょう？
S 方程式にするんだから，左辺と右辺が等しくなるように数字を決めればいい。

> 【方程式を利用する問題を作るときに気を付けることは，どんなことかを書いてみましょう。】
> ただ思いついた数をいれるのではなく、しっかり左辺と右辺が等しくなるように

ポイント 教科書に載っている天秤の例を用いて，左右が釣り合うように値を決めて条件を整えていくことをイメージさせ，左辺と右辺が等しくなる関係を意識させます。

05

図形

基本の作図

その点ってどこにあるの？

▌授業の概要

　正方形の折り紙を用いて，なるべく大きい正三角形を折り出します。折り紙とできあがりの正三角形が一辺を共有することを見いだしたあと，残りの頂点がどこにあるべきかを考え，その点を意図的に折り出す方法を考察します。さらに，正三角形を正六角形に変形させるなど，見通しをもって作図することを体験していきます。最終的には，日常の生活の中にも，作図の方法が役立つ例があることを示します。

▌問題

> 　正方形の折り紙があります。
> (1) この折り紙一枚を折って，できるだけ大きな正三角形をつくってください。
> (2) できたものが間違いなく正三角形である理由を説明してください。
> (3) さらに，その正三角形を折って，正六角形に変えてください。
> 　むやみに紙を折らずに，どうしてそのように折ればよいのかを先に考えましょう。

▌授業のねらい

　具体的な操作によって見通しをもって作図の方法を考えることのよさに気づかせ，その重要性を体感させます。今後の学習では，基本的な作図に必要となる点を論理的に考察して見つけ出し，それを筋道立てて説明する力が求められますが，そのアルゴリズムを体験的に身につけることを目指します。

生徒につかませたい数学の本質

　作図に使うコンパスは，一般的には円をかく道具といわれますが，本質的には長さを保存する道具とみることで学習がスムーズになります。コンパスを用いた実際の作図では，円を一周かくことはなく，目印程度でしかありません。ですから，コンパスという道具のイメージと，数学の時間の使い方が生徒の意識とずれています。円はある点から等距離にある点の集合ですが，多くの生徒はそのようなことに興味を示しません。ただ，数学を学習するうえで，図形やグラフが条件を満たす点の集合という考え方は，学年が上がるほど大切だと思います。

　体験的な学習は，あまり普段は精確には考えない目に見えない大切なことを身につける貴重な機会です。活動には試行錯誤や偶然性が伴いますが，結果として，正三角形の第三の頂点を見つけるためには対称性や辺の長さの保存が必要ということに気づくことができます。この後の対称移動などにも話をつなげていきたいところです。

知識及び技能	思考力，判断力，表現力等	学びに向かう力，人間性等
コンパス，定規を数学の学習上の目的に沿って使うことができる。	問題文から順に考えていくだけではなく，満たすべき条件から想定して見通しをもって考察する。	作図の方法が日常にもあることに気づき，物事を数学的に見てみようとする。

ユニバーサルデザインの授業づくりに向けて

　二等辺三角形や正三角形を定規やコンパスを用いて作図する活動は，小学校3年で扱われる内容です。コンパスが単に円をかく道具ではなく，等しい長さを測り取ったり移したり，長さを比べる場面で用いることを，生徒は経験しているはずなのですが，中学校ではそうした経験を前提として授業を展開できないこともあります。例えば，指先の力が弱かったり，力の入れる方向が安定しなかったりするなどの身体の特性により，コンパスについての困り感がある生徒もいます。学びの土台を保障するためにも，場合によっては，紙の下に滑りどめシートを敷くことや，コンパスではなく定規に穴を開け，一方の穴に画鋲をさし，もう一方の穴に鉛筆を入れて回すようにするなどの手だてが必要になることもあります。そのため，本授業のように，小学校と同様に折り紙を用いて学ばせることは，学びの成果につながる有効な手段です。

学びの土台	学びの過程	学びの成果
●		●

▍授業の実際

(1) 課題の意図を体験的に捉える

　パソコンが進化してきれいな図がかける時代に，わざわざコンパスや定規という不便な道具を使うのは，図をかくことだけが目的ではありません。図形の性質や関係を直感的に捉えることを通して，論理的な考察をするという授業の意図を明確にしていきます。

 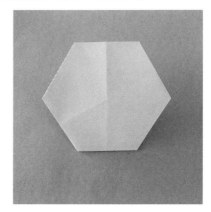

T　折り紙はむやみに折るのではなく，なるべく少ない回数できれいに折りたいね。少しずつ折っていけば，だいたい正三角形になるけど，もっとスッキリいこう。
S　何回折るの？　ヒントちょうだい！
T　今日は回数だけではなくて，きれいに折ることも大事なんだ。先生の言葉が足りなかったね。もっと詳しくいうと，今日の目的は，折り紙を目的的に折ることなんだ。
S　目的的？
T　「こうでなければならない」って理由を明確にして，ほしい折り目をねらって見つけ出す！
S　やっぱそういうこと？　結局数学っぽいじゃん！

> **ポイント**　今日の授業で考えるべき内容を明確にして体験させるというより，体験を通して数学として考えるべき内容を明確にします。

(2) 思考を数学的に整理する

　直感的にわかっていることも，数学として正確に表現することは難しいでしょう。日常の言葉でのやり取りの中で，まずは思考そのものを整理し，数学として正しい表現に近づくよう誘導します。

T　第三の頂点は絶対こういう場所になければならないという条件は何？
S　真ん中！

T 真ん中って，このど真ん中？
S そうじゃなくて，その中心線っていうか半分にした線。
T 直感的にはそうだね。ところでなんで？
S えっ！ 当たり前っていうか，なんでってなんで？ だって距離が…。
T そうそう！ その距離っていう言葉を待っていたんだよ。

> **ポイント** 数学の言葉としての正確さを要求する前に，日常の言葉で表現させ，イメージを共有していきます。

(3) **数学的な性質を正しく理解する**

　大切な性質はつい教師が説明して強調したくなりますが，むしろ生徒に気づかせ，言葉としていわせた方が定着がよいでしょう。もちろん最終的には教師が用語を正しく定義し，印象づけることが必要だと思います。

T この真ん中の直線，数学っぽく性質を確認しましょう。さっき距離が同じっていってくれたのは，どこからどこまでの距離が同じってことだったのかな？
S 下の二つの頂点。それと，辺の真ん中。
T すごいことに気づいてくれたね。それ，今日の授業のポイントにしたかったことの一つ。
S よしっ！ ポイントゲット！ 成績上げてくれる？
T いい点稼いだよ。このように，ちょうど同じ大きさに分けることを二等分っていうんだ。今は，辺を二等分にしている直線だから「二等分線」っていう言葉を使えるようになろう。実は，もう一つ大事な性質があるんだけど…。
S 直角？
T ナイス！

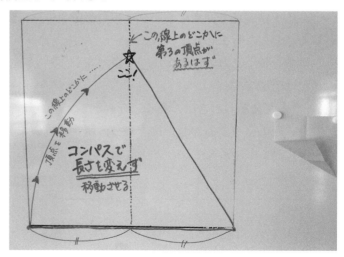

> **ポイント** 重要な用語の性質は，生徒自身が気づくように誘導し，自分の言葉でいえると定着がよくなります。

06

図形

図形の移動

機械を制御しよう

■ 授業の概要

まず，それぞれの移動について，もとの図からどのように移動したかを観察させます。その際，移動の様子を正確に表現するためには，どこに着目して何を数値化するとよいか考察させ，果たしてその表現で伝わるかどうか体験させます。数学としての正しい表現を学んだあと，実際に，そのような表現が使われている日常の場面を探して発表することで有用性に触れます。

■ 問題

ある工事現場で非常に重いタイルを必要な位置に設定することになりました。

重機を使うことで，「ずらす」「まわす」「うらがえす」ことは可能です。

「うらがえす」ときは，ある辺を固定して行います。

右の図のように置かれた位置から，所定の位置まで，上手に動かしてください。

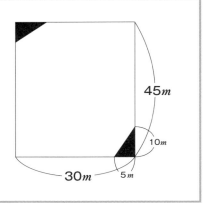

■ 授業のねらい

図形を構成する頂点や辺といった各部分が，あるきまりにしたがって移動していることに注目させます。その際，対称移動では対称軸の位置，回転移動では回転の中心の位置と回転の向き・角度，平行移動では移動の方向と距離によって表現できることを理解させます。

■ 生徒につかませたい数学の本質

　数学の授業では，平行移動，対称移動，回転移動といったように，一つひとつを分析的にみる学習になりがちですが，実際にはその組み合わせであることがほとんどです。この単元では，一つひとつが単純であり，生徒は難しさをそれほど感じないはずです。そこで，移動という視点から日常生活に置き換えて分析的にみる体験を通すと，数学の有用性に気づかせやすいのではないでしょうか。

　また，数学的に正確な体験をさせることも大切です。p.39の写真のような手作りの小道具で，対称軸や回転の中心を意識させます。さらに，回転移動の向きは反時計回りを強調します。高等学校で三角関数や一次変換の計算を行う場合，回転の向きが重要になりますが，中学校の段階から正の向きを意識することで，数学上の表現と生活上の体験が一致します。ベクトルや複素数の学習にもつながっていく重要な単元であることを意識して授業を展開したいものです。

知識及び技能	思考力，判断力，表現力等	学びに向かう力，人間性等
それぞれの移動について，どのように移動したかを数学の言葉を用いて示すことができる。	移動の組み合わせによって構成されているものを見きわめ，正しく表現する。	日常生活の中にも数学の言葉を使うことで正確に表現されるものがあることに気づき，積極的に活用しようとする。

■ ユニバーサルデザインの授業づくりに向けて

　対称性については，生徒は小学校6年で学んでいます。1本の直線を折り目として図形を折ったときにぴったり重なるならば線対称な図形であり，1つの点を中心にして180°回転したときにぴったり重なり合うならば点対象な図形であるなど，対称性という観点から既習の図形を考察する活動を行っています。中学校ではそれらの既習をもとに，平行移動，対称移動，回転移動など移動の概念を学んでいくのですが，それらを具体的な操作を通じて実感させることが大切です。そこで，学びの過程として，ペアあるいは4人に1つミニホワイトボードと異なる色の三角形（例えば，赤と青など）を配付し，「授業の実際」の(1)や(2)で行う操作を，対話を通して行えるようにします。また，(3)の場面でも，ルーズリーフを用いた小道具で操作を通して移動を実感させ，黒板で共有させることで，学びの成果につなげていきます。

学びの土台	学びの過程	学びの成果
	●	●

授業の実際

(1) 生徒の自由な発想を促し，言葉で表現する

　小学校で学んだ表現を用いて，学習の継続性を意識します。生徒の拙い表現でもできるだけ取り上げ，良心的に解釈することで学習への参加意欲を引き出すとよいでしょう。ゲーム的な導入は，多動傾向のある生徒をうまく活用するチャンスになります。

　T　ずばり，どうすればいい？
　S　まずずらして近づけて，まわして，うらがえす！
　T　（実際動かしながら）はいはい，こんな感じね。
　　　（先に裏返さないと通れないような障害物を設置）
　T　ここに障害物があって通れないようになっちゃった！
　S　きたねーよ！　どかせよ！
　T　どうにかしてよ。それが数学ってものさ！
　S　先に裏返せば通れるんじゃねぇ？

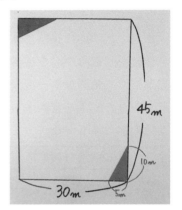

> **ポイント**　数学的な背景のあるゲーム性の高い活動で参加意欲を引き出します。多動・衝動性のある生徒が様々なアイデアを出してくれると授業が盛り上がります。

(2) 数学的な表現を整理する

　「ずらす」「まわす」といった抽象的な表現を，より精度の高い具体的な数値に変えていきます。その際，どのような数値が必要になるか，また，数値だけでよいのかを思考できるような働きかけを行います。生徒の曖昧な表現に少し悪意をもって対応します。

　T　では，もう少し正確に表現してください。
　S　まず斜めに$3m$。
　T　斜めに$3m$ね。
　　　（といいながら，違う方向の斜めにずらす）
　S　そうじゃなくてぇ…
　T　そこが正確にっていう意味だよ。ここで少し時間を取って，言葉にどんな内容を入れたら間違いなく移動できるか考えてもらおう。コンピュータで制御するときには，絶対に間違わない情報を入力するのが大事だよ。

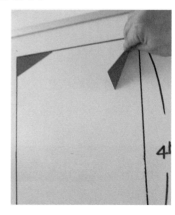

> **ポイント**　数学的に正しい表現をすることで，コンピュータ制御などが可能になります。数学的な表現の正しさが，日常にどれほど大切かを訴えられます。

(3) より完成度の高い表現を整理する

　向きを指定する表現をしなくても済むように，反時計回りが正の向きと約束していることなどを説明し，洗練された数学の表現を体感させましょう。

　平行移動を矢印の向きと長さで表現するなど，「ベクトル」を意識した表記をするのもつながりを意識した授業といえます。

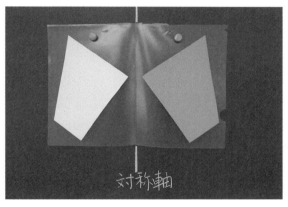
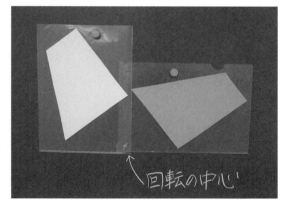

T　今度こそ完璧に表現してね。
S　時計回りに90°回転して，上に $5\,m$ 移動させて，…
T　（生徒がイメージした回転の中心と異なる点で回転）はいはい，こうね。
S　えっと，あれっ？？
T　君の考えを正確に伝える情報が少し足りないかもね。
S　あっ，だからぁ，下の点で回転する。
T　こういうことだね。いいね。ということは，正しく伝えるために必要な情報って結局何だろうね。それがまとまれば，今日の授業がわかったことになるね。

> **ポイント**　生徒が自分の言葉の曖昧さから表現するべきことを整理し，大切なことに気づいていくよう誘導していくと，定着がよくなります。

07

図形

空間図形

辺，角，位置関係に着目しよう

授業の概要

　図形の学習では，小学校から主に辺や角に着目し，それらの特徴をもとにして図形の名前が決まり，性質を捉えてきました。しかし，種々の三角形や平行四辺形だけではなく，合同や相似のそれぞれの満たす条件にも位置関係に関することが含まれていますので，その辺や角の位置関係の重要性を意識して指導を行っていきたいものです。そこで，生徒たちに位置関係を意識させる授業を行います。なお，ここでいう位置関係とは，平行，垂直，ねじれの位置という辺と辺の位置関係の他にも，合同条件や相似条件などで用いる，その間とその両端などの辺と角の位置関係や平行四辺形の性質にある向かい合う辺や向かい合う角なども含みます。

問題

　立方体の見取図をかいてもらったら図1のようになりました。何か違和感があります。それはどんなところだと思いますか。また，その理由も考えてみましょう。

図1

授業のねらい

　ねじれの位置を学習する前に，立体の見方を辺や角に加えて，位置関係に着目させるようにします。生徒が，立方体を見取図で平面に表したときに起こる目の錯覚を，辺と辺の位置関係，角と角の位置関係を根拠にしながら，互いに納得できるようにしていきます。また，その中で，辺の長さ，角の大きさ，それぞれの位置関係を捉えていくようにします。

生徒につかませたい数学の本質

　生徒が立方体や直方体の見取図をかくとき，辺と辺の位置関係や角と角の位置関係が考慮されていないために，図形の性質が正しく反映されていることと，平面上に表現することによって図形の性質が必ずしも正しく表されないことが明確に区別できていないことがあります。例えば，立方体の交わる辺と辺はすべて垂直に交わりますし，辺の長さはすべて等しくなりますが，それが生徒にとって正しい図形の性質だとしても，見取図では交わる辺と辺がすべて垂直であることも，辺の長さをすべて等しくすることも反映させることはできません。一方で，それぞれの面の向かい合う辺の平行については，どのように投影するかによりますが，見取図でも平行な関係を反映させることができます。

　逆にこうした図形の性質について，立体を観察しているときに，意識していない生徒も多いのではないでしょうか。このように辺や角だけでなく，位置関係というものを意識することによって図形を正確に表したり図形の捉え方そのものを丁寧にしたりすることができます。そうすることで，生徒の図形の見方が豊かになります。

知識及び技能	思考力，判断力，表現力等	学びに向かう力，人間性等
立体と平面に分けて，辺や角，位置関係についてそれぞれ特徴をまとめることができる。	立体の写真を観察し，辺や角，位置関係のそれぞれで保存される内容を判断する。	実際の立体を写真に撮り，平面で表現したものを観察しようとしている。

ユニバーサルデザインの授業づくりに向けて

　立体を平面に表現しようとするとき，生徒は小学校で見取図や展開図を学んでおり，中学校で投影図も学びます。見取図では，互いに平行になっている辺は，平行になるようにかきますので，かかれた見取図をもとにして立体を考察していくことができます。一方で，デジタルカメラで写した画像は，透視投影モデルやレンズの湾曲を考えると，手前にある辺よりは奥にある辺の方が短くなるなど，実際に目で見えている像に近くなります。そこで，立体の位置関係や量（角度，長さ）を数学的に見て推論していく必然性が生じてきます。そのため，授業では実際に手に取れる立体と，デジタルカメラで写した画像の両方を準備し，学びの土台を整えるとともに，体感を交えつつ，観察と解釈とを往還するプロセスを大切にしたいところです。

学びの土台	学びの過程	学びの成果
●	●	

▊ 授業の実際

(1) 生徒が抱く違和感を大切にして立方体の観察を行う

　問題を提示して直感的な違和感を記述させ，友と情報交換をして学級全体の違和感として扱います。実際に立体図形を手に取りながら違和感について理由とともにまとめていきます。

T 　（図1のプリントを配付）直感でもかまいません，何か違和感がありませんか？　それを言葉にしたり，図にかき込んだりしましょう。そして，情報交換をしてください。立方体をいくつか用意したので，手に取って考えたい人は自由に持っていってください。

S1 　上の面が変だよね。正方形じゃない。

S2 　上だけじゃなくて，全部の面が正方形になるよね。

S3 　（立方体を手に取りながら）全部の面が正方形だけど，こうやって（斜めから見るような仕草をしながら）見ると正方形だけど正方形に見えないよね。

T 　みんなが話していることを，クラス全体に発表してくれるかな？

S4 　私たちは，見取図でかかれた面が正方形じゃないから違和感があると考えました。実際の立方体では全部の面が正方形です。でも，こうやって立方体を見ると，実際は正方形だけど正方形には見えないのではないかと考えました。

S5 　それに，斜めに見ているからだと思うのですが，実際には90°の角なのですが90°に見えないような気がするのです。

> **ポイント**　立体を頭の中で想像することは生徒にとって思った以上にハードルが高いことがあります。そこで，実際に手に取って観察しながら，違いを追究するようにします。

(2) 立体を平面で表したときに保たれるものについて考える

　デジタルカメラを用意し，実際に写真を撮って，プリントアウトして配付し，さらに教室のテレビにも映し出して平面で表現します。それをもとにしながら違和感の根拠について追究を深めていきます。

T 　実際に立方体を斜めに見てくれていたので，それをデジタルカメラで実際に撮ってみましょう。それをプリントアウトしますので，それを使って立体のときと平面にしたときではどんな違いが出てくるのか考えてみましょう。

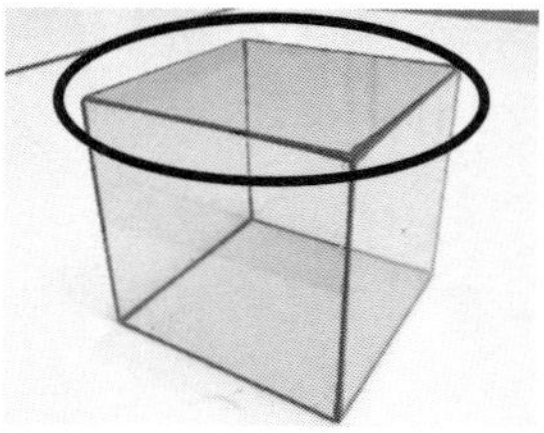

S6 　やはりここ（図2）の上の面は正方形に見えないです。

図2

S7 　確かに正方形ではないよね。正方形というより平行四辺形に近いと思います。

S8 　ちょっと不思議ですが，斜めに見ているからそう見えるのですね。それに，こちらの写真を見てください。ここ（図3）の角の大きさはどう見ても90°には見えませんよね。

30°くらいに見えます。このように本当は90°なんだけど，30°くらいに見えちゃうところが，目の錯覚というか，立体を平面に表すときに気をつけるところなのだと思います。

図3

S9 じゃあ，違和感があったのは，実際には正方形のところを平行四辺形にかかなくちゃいけないのを，本当に正方形のようにかこうとしたからなのかな？　なんだか正しくかこうとした方が間違えるのっておかしいね。

T 違和感の原因が追究できてきましたね。今，実際の90°が30°くらいに見えるという話がありましたね。それは，変わったところに着目した発見で，とてもよいですね。逆に変わらないということに着目して観察してみると，どのようになりますか？

S10 直方体の写真を撮ってプリントアウトしたものを見ると，ここここの辺は長さは奥の方が短く変わっていますが，平行ということは変わらないと思います（図4）。

図4

S11 立方体でも，同じことがいえるのではないかな？　角の大きさや辺の長さは錯覚みたいで変わっちゃうけど，平行というのは変わらないと思います。

S12 では，平行四辺形みたいにかけばよいのかな？

S13 そうか。じゃあ，左右の辺は同じ長さで，手前と奥も同じ長さにしておけばよいのではないかな？　それと，平行ということを守ればよいと思うな。

T 追究が深くなってきましたね。辺の長さや角の大きさに加えて，平行ということに着目してくれたようです。では，ここに立方体の見取図を用意してあります。みんなが追究してくれた，どこの辺と辺の長さが等しく表現されているのか，角の大きさは90°ではないけれど，どことどこの角の大きさが等しく表現されているのか，そして，平行になっている辺はどこなのかという観点で，もう一度振り返って観察をしてみてください。

S14 辺の長さや角の大きさだけでなく，平行ということを意識すると，全部平行四辺形の形になっていることがわかる。

S15 もとの立体からまったく変わっていないことは，平行ということだけじゃないかな？

> **ポイント**　生徒たちは変わるものについてはよく気づきますが，変わらないものには気づきにくいときもあります。そこはアドバイスをし，平行ということに着目させます。

〈参考文献〉
・根本博（1999）『中学校数学科　数学的活動と反省的経験』，東洋館出版社
・根本博（2014）『数学教育と人間の教育』，啓林館

08

関数

比例と反比例

反比例は
比例の反対なの？

授業の概要

　反比例の特徴を捉えていく学習では，比例で学んだ表の見方をもとにして表を観察し，その観察をもとにして式の一般形やグラフをかき，反比例の特徴を見つけ出していく場面を位置づけます。つまり，「関数を見つける」「どんな関数か判断する」ようにします。比例のときと同じように観察し，比例の特徴と比較して捉えるようにしていきます。本時で学ばせたい反比例だけに焦点を当てるのではなく，対比することで，反比例の定着をより確かなものにします。

問題

> 　面積が12cm^2になるような長方形をいろいろつくりたい。縦の長さと横の長さの関係にはどのような関係があるのか調べましょう。

授業のねらい

　比例の学習の際に，二つの変数の間の関数関係を表・式・グラフを用いて学んだ生徒たちが，反比例でも同じように表・式・グラフで関係を調べることが大切になります。その中で主に，表を用いて比例との違いを表現させていくことで，反比例の特徴を捉えていくことができます。

生徒につかませたい数学の本質

　生徒たちが様々な関数を学んでいく際に，関数を見抜く力というものを身につけていれば，とても楽に関数を扱うことができます。しかし，比例の学習はともすれば，表を観察して「x

の値が2倍，3倍…となるとき，yの値も2倍，3倍…になるものが比例である」ということを覚える学習になりかねません。そこで，反比例の学習は比例と比較することを必ず行い，反比例という現象だけではなく，一見相反する現象の両方を含めた一つ大きな枠組みで捉えるということを大切にします。例えば，「xの値が2倍，3倍…となるとき，yの値も2倍，3倍…になるものが比例である」に対して，「xの値が2倍，3倍…となるとき，yの値が$\frac{1}{2}$倍，$\frac{1}{3}$倍…になるものが反比例である」を学ぶ際に，「xの値が2倍，3倍…と規則的に変化していくと，yの値も規則的に変化していく」と捉えることができると理解することで，関数を見るときの力が身につくと考えます。

このように，反比例の学習を比例と比較しながら進めていくと，反比例の「反」という文字が生徒にとって少し違和感があるようになります。それは，反対になるという見方から，共通な見方で捉えられると感じるようになるからです。このとき，反比例の学習をしながら，比例の学習も振り返ることになり，関数の捉え方の力も身についていくと考えます。

知識及び技能	思考力，判断力，表現力等	学びに向かう力，人間性等
表から反比例の特徴を見つけ出し，反比例の式をつくることができる。	比例のときと比較しながら表を観察し，反比例の特徴を表現する。	比例の特徴と比較しながら反比例の特徴を捉えようとする。

■ ユニバーサルデザインの授業づくりに向けて

生徒は小学校で，反比例について，「xの値が2倍，3倍…となるとき，それに伴ってyの値が$\frac{1}{2}$倍，$\frac{1}{3}$倍…になる」や「xの値とそれに対応するyの値の積$x×y$はいつも決まった数になる」ということを，表を縦や横に見て考えることを通して学んできています。学びの土台として小学校の既習をうまく活かしながら，中学校の関数としての反比例の学びにつなぐためにも，教師はその定義の違いに気をつける必要があります。また，xの逆数とyの表を取り入れると「yはxの逆数に比例する」と考え，「$y = a \times (\frac{1}{x})$」から「$y = \frac{a}{x}$」につなげる生徒もいますので，多様な見方や考え方を活かしながら学びの成果につなげていきたいところです。

学びの土台	学びの過程	学びの成果
●		●

▌授業の実際

(1) 見通しをもって面積が12cm^2である長方形の縦と横の長さの関係を考える

問題を提示し，どのように考えればよいか見通しをもつように指示をします。生徒は，それぞれが思う解決方法や疑問に思うことなどをメモのようにノートに記述していきます。

> ≪見通し≫
> Aさん：縦と横をかけ算して12になる長方形をたくさんつくればよい。
> Bさん：表や式やグラフにすればよい。
> Cさん：（Bさんに関連して）縦をx，横をyとすれば式にできる。
> Dさん：表をつくれば，式もわかる。
> Eさん：表の見方も気をつけなくてはいけない。

T　それでは，たくさん長方形をかきたいという人には，方眼紙を配るので，それにかいていってください。また，表や式，グラフにしたいという人には，グラフ用紙も用意してありますので，自由に使ってください。

S1　たくさん長方形をかくためには，縦と横をかけて12になるよう数を決めていけばよい。

T　では，その縦と横について表にまとめた人は発表をお願いします。

S2　表は今まで（比例のとき）と同じように，二段でつくって，上の段が縦で下の段を横にしました。

T　比例のときと同じように表をつくっていったのですね。

S3　比例のときにxの値を2倍，3倍…とすると，yの値も2倍，3倍…となったので，同じように見てみるとちょっとだけ違いますが，xの値を2倍，3倍…とすると，yの値は$\frac{1}{2}$倍，$\frac{1}{3}$倍…となりました。

T　比例のときと比較して考えてくれましたね。ありがとう。同じように比較して考えた人は，どれくらいいますか？
（全体の様子を見て，少なければ少し時間を取って比較をさせる）

> **ポイント**　表を観察して気づいたことを発表してもらうときに，比例のときと比較しながら発表するように促していきます。そのために，机間指導で生徒がどのように考えているのか観察しながら，比較している自分の考えに気づくように助言を行うようにします。

(2) 比例と反比例の関係について考える

比例のときの表の見方を振り返るように促し，さらに表を観察していくようにします。

T　比例と比較して表を観察してくれたと思いますが，発表をお願いします。

S4　表を縦に見る見方をしたら，比例のときはxの値を何倍かしたらyの値になりました。しかし，この表では，xの値とyの値をかけるとすべて12になりました。

S5 　確か比例のときは表を縦に見ると，式を求めることができました。だから，今回も式にしてみようと思いました。$xy=12$というのが式です。

S6 　比例のときは$y=ax$というような形にしたので，今回も$y=$の形にすると，両辺をxで割ればよいので，$y=\dfrac{12}{x}$となりました。これが今回の式だと思います。

T 　表を縦に見て式をつくってくれました。すごいですね。さらにありますか？

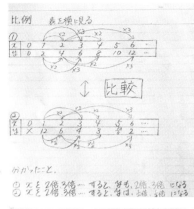

S7 　私は，表のxの値を1増やしていき，yの値がどうなるか調べました。比例のときは，xの値を1増やしていくと，yの値が一定の値ずつ増えていきました。例えば，$y=2x$なら，yの値は2ずつ増えました。しかし，今回は規則が見つかりませんでした。

T 　ありがとうございました。表の観察からたくさん見つけ出すことができました。みんなが見つけてくれた関数を，反比例といいます。比例と反比例の関係を第一印象で結構ですから，述べてくれる人はいますか？

S8 　比例と反比例は反対の関係というか，表や式を見ると，どちらかというと，反対というより逆数の逆という感じを受けました。

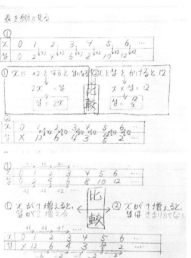

S9 　反比例というより逆比例という方がしっくりくる感じです。

T 　そうですか。では，ぜひ逆比例というものが存在するのかということも含めて，調べてみてください。その結果を教えてくださいね。

ポイント　比例と比較していくことで，逆数の存在が気になります。そこで，反比例というネーミングよりも逆比例というネーミングの方がよいのではという意見を取り上げ，自分たちが発見した関数という実感をもつようにします。

〈参考文献〉
・根本博（1999）『中学校数学科 数学的活動と反省的経験』，東洋館出版社
・根本博（2014）『数学教育と人間の教育』，啓林館

09

関数

関数関係

これは関数関係と
いってもよいのかな？

授業の概要

　世の中には「互いに影響し合いながら変化」するものが数多く存在します。その一方で，「互いに影響し合うことのない変化」もあり，こちらの方が多いのかもしれません。そこで，本時では，前時で「関数関係がある」ことについて学んだ後に，その続きとして，伴って変わる数量というだけでなく，一方（x）が定まれば，他方（y）がただ一つだけ決まるということから，二つの数量の間にどのような関係があるかに着目します。そして，身近にある変化について，それが関数であるのかどうかを判断していくようにします。

問題

「身近な関数関係を探そう」という宿題でAさんは，母子手帳にあった，乳児身体発育曲線にある自分の新生児のときの体重の増加が関数関係であると考えました。この事象は関数関係であるといえるでしょうか。

授業のねらい

　一見，関数関係だと思われる事象について考察し，伴って変わる数量というだけではなく，対応によって「ただ一つに決まる」ということが，どういうことなのかを考えます。生徒が身近な事象で関数だと思う事例（本時は新生児の時間と体重）を取り上げ，グラフにプロットされたものから関数であると判断した考えについて，一方（x）が定まれば，他方（y）が「ただ一つに決まる」ことの条件について追究をします。関数関係であることを理解するために，そうでない事例を取り上げて，理解を深めていくことができます。

生徒につかませたい数学の本質

世の中にはたくさんの変化が存在しますが，すべてが関数関係ではありません。生徒たちが関数関係を学んでいく際に，関数関係であるものだけを示していくだけで十分でしょうか。生徒が主体的に「関数関係であるかどうか」を判断できるようになるためには，関数関係ではない事象について考察を行うことが生徒の理解を深めるために必要であると考えます。今後，教育課程にプログラミングが入ってくることを考えても，関数概念の育成は重要になってきます。

このように，関数関係でない事象を考察することで，関数関係を考えるうえで，「一方（x）が定まれば，他方（y）が『ただ一つに決まる』」ことの意味を生徒は考えるようになります。そこで生徒は，「ただ一つに決まる」とは「一つの値に対して，一つの値しか決まらない」と捉えるようになります。また，関数関係は式で表すことができ，それを利用して問題解決を行うことができます。それから，伴って変わる二つの数量の間に対応関係を見いだすことが，関数関係についての理解につながり，そのような視点は，生徒たちが様々な事象を数学化して考察することができるようになるために，必要なものとなるでしょう。

知識及び技能	思考力，判断力，表現力等	学びに向かう力，人間性等
伴って変わる二つの数量について，一方を定めると，他方がただ一つに決まることが関数であることがわかる。	「ただ一つに決まる」ということはどういうことか，について反例を挙げて考え，それを表す。	関数関係の条件をもとにして，身近な事象について考察しようとしたり，関数関係を見いだそうとしたりする。

ユニバーサルデザインの授業づくりに向けて

乳児身体発育曲線は，帯の中に94パーセントの子の値が入るパーセンタイルグラフですので，月齢や体重，身長についてある幅が存在します。そのため，その幅について考えるなら，一方の値を定めたときに他方の値がただ一つ定まるとは限りませんので「関数関係にない」と気づく生徒もいるでしょう。その一方で，その帯の中にある乳児の月齢について体重を記録したとき，一つの曲線が表れたとしたら，曲線上のある時点について乳児の体重という値がただ一つ決まるため，「関数関係が成り立っている」ことに気づく生徒も出ています。そのため，それらの明確な区別や，それぞれの価値づけについて気をつけなくてはなりません。

学びの土台	学びの過程	学びの成果
	●	●

■ 授業の実際

(1) 身近な事象をもとに関数関係について考える

問題を提示し，どのように考えればよいか見通しをもつように指示をします。生徒は関数関係の定義に戻り，疑問に思うことなどをメモのようにノートに記述していきます。前時学習

≪見通し≫
Aさん：資料の点をつなぐときれいな曲線になるから，関数だと思う。
Bさん：ここでいう二つの数量は，時間と体重。
Cさん：（Bさんに関連して）時間が過ぎれば体重が増えるので関数みたい。
Dさん：関数関係の定義は「伴って変わる二つの数量があって，一方が値を決めると，それに対応して他方の値がただ一つに決まる」。これに合っているか考えればよい。

済みの関数関係の定義は掲示しておきましょう。

T 関数関係の定義は，前時に学習しているものを振り返って確認をしてください。

S1 この母子手帳に乳児身体発育曲線と書いてあり，曲線って数学の用語だと思うので，関数でよいと思います。

S2 この資料の点を結んでいくと，直線ではないけど，きれいなグラフになるので関数だと思います。

S3 だいたいはきれいな曲線になりそうですが，完全ではないと思います。多少ででこぼこしていると思います。

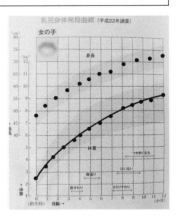

グラフにしてみる

S4 誤差というか，実際の資料だから仕方ないのではないでしょうか？

S5 関数関係では，伴って変わる二つの数量があるので，それが時間と体重で，時間を x で体重を y とすれば，時間が決まれば体重が一つに決まりますよね。だから，伴って変わっているので関数関係だと思います。

T 関数関係であるという人が多いようですね。反対の意見がある人はいませんか？

S6 時間と体重のことですが，確かにある時間のときには体重は一通りしかないと思いますが，体重って増えたり減ったりもしますよね。それを思うと，本当に関数関係といえるか疑問に感じます。

T 今の疑問に関して，関数関係の定義のどこの部分に引っかかっているのでしょうか？

S7 きっと「ただ一つに決まる」ということに引っかかるのだと思います。

> **ポイント** 関数関係であると思うという生徒の発表のときにも，理由をしっかりと聞くようにしましょう。そこに，生徒たちが勘違いをする原因がひそんでいます。特に，曲線という言葉や変数という言葉だけで数学らしく感じ，関数であると判断する生徒もいます。

(2) なぜ関数関係にならないのかについて考える

　「ただ一つに決まる」というのは，値が一つという意味の他にも，その値にしかならないという意味があることを追究でつかんでいきます。そのときに，改めて関数関係である事象を例に出して比較するようにしましょう。

T 「ただ一つに決まる」ということに引っかかるようですが，ここでいう「一つ」とは，どういうことでしょうか？

S8 ただ一つの「ただ」というのは「唯」という漢字です。家にあった辞書には，「そのことだけ」とか「それより他にないと限定する」と書いてあったような気がします。だから，他の値になる可能性があってはいけないのではないでしょうか？

S9 ということは，その時間にはその体重にしかならないということになりますよね。それだと，やはり関数関係というのは無理があります。

S10 結果として，その体重一つになっているから問題ないのではないでしょうか？

S11 本当にそうでしょうか？　その時間には絶対にその体重になっていないといけないということだから，それは，人間の身体だから不確実ですよね。それに，これを関数関係だと認めると，どういう関数かわからないけど，この先の体重はもう決まっていることになります。それっておかしくないですか？

T なるほど，それでは前時に扱った関数関係になる事象と比べてみましょう。今発言してくれたように，関数関係の事象では，先の未来というか，決まっていてもおかしくないということですか？

S12 例えば，1本100円のジュースを x 本買ったときの代金 y 円という問題では，$y=100x$ と式にできて，関数ということになりましたが，この先，何本ジュースを買っても代金は一つに決まると思います。でも，やはり，体重がこの先決まるのはおかしいと思います。

S13 やはり，これは関数関係ではありません。この幅の中では，この曲線よりも上や下の可能性もあるし…，そうすると時間や体重というのはただ一つに絶対に決まるものではないので，関数関係とはいえないと思います。

> **ポイント**　関数関係でない事象を追究することで，関数関係である事象との差が明確になり，理解が深まります。そして，伴って変わる二つの数量であることと，ただ一つに決まるという観点をもって関数関係であるかどうか判断することができます。

〈参考文献〉
・根本博（1999）『中学校数学科 数学的活動と反省的経験』，東洋館出版社
・根本博（2014）『数学教育と人間の教育』，啓林館

10 ハンドボール投げの記録を分析しよう

データの活用

データの分布

▌ 授業の概要

　スポーツテストのハンドボール投げの記録をもとにして，クラスの特徴を分析していきます。自分のクラスの記録を用いることで興味・関心が高まり，それが協働的な作業を行ううえでの土台となります。代表値やヒストグラムによる分析を通して，ヒストグラムのかき方に終始するのではなく，クラスの特徴を分析し記述する過程で，数学的な表現を用いてデータの傾向を読み取れるようにしましょう。

▌ 問題

> 　右の表は，スポーツテストを行った1年2組のハンドボール投げの記録です。
>
> 15, 14, 17, 9, 16, 15, 19, 24, 27, 13, 30, 13, 8, 8, 25, 14, 13, 11, 21, 19, 15, 12, 27, 25, 15, 22, 23, 24, 10, 12, 21, 17, 23, 16, 9, 13, 8, 13, 30, 25
>
> 　この記録から1年2組は，どのような特徴をもったクラスであると特徴づけることができるでしょうか。いろいろな視点から分析してみましょう。

▌ 授業のねらい

　データの特徴を記述するには，データを整理することから始めて，代表値を求めたり，表やグラフに表したりするなどいくつかの方法が考えられます。本授業では，ハンドボール投げの記録を分析する活動を通して，代表値の値やヒストグラムの形状などをもとに，数学的な表現を用いてデータの傾向を読み取ったり考察したりすることをねらいとしています。

生徒につかませたい数学の本質

　小学校ではヒストグラムを柱状グラフとして学習していますので，中学校ではヒストグラムをかいて分析をしていきます。必要に応じて，データの整理の方法や代表値を確認しておくとよいでしょう。ヒストグラムからデータの分布の傾向を読み取る際には，階級の幅の設定に注意が必要ですが，階級の幅や初期値をあらかじめ提示せずに，生徒の活動に任せてヒストグラムをかかせてみるのも一つの方法です。あらかじめ提示しない場合には，階級の幅や初期値が異なるヒストグラムが作成されますが，生徒が作成したそれぞれのヒストグラムの比較を通して，データの分布の傾向を読み取るようにします。ある階級の幅では一つの山の形かもしれませんが，他の階級の幅では二つの山の形に見えるかもしれません。また，初期値の取り方によっても，山の形が異なるかもしれません。もとにするヒストグラムによって読み取れるクラスの特徴は異なりますが，その比較を通して例えば，男女による差などが浮き彫りになります。
　このような活動を通して，目的に応じてデータの分布の傾向を読み取ることができるようになったり，ヒストグラムによる分析の特徴と限界について理解が深まったりします。

知識及び技能	思考力，判断力，表現力等	学びに向かう力，人間性等
代表値やヒストグラムを用いて資料を整理することができる。	目的に応じて，代表値やヒストグラムを用いて資料の傾向や特徴を読み取る。	代表値やヒストグラムによる分析を，日常生活に活用しようとする。

ユニバーサルデザインの授業づくりに向けて

　データの活用の授業を行う際，スポーツテストの記録を体育科から提供してもらうことで，生徒にとって実感を伴った活動を行うことができます。ただし，1年生ですと，種目によっては男子と女子の差が見えにくいものもありますし，個人情報でもありますので，どのデータをどのように扱うかについては注意が必要です。また，学びの過程においては，データについてはあらかじめ入力しておき，ICTを活用して処理するようにすることも有効です。ヒストグラムをかくソフトだけでなく，電子教科書の中には階級の幅を変えながらインタラクティブにヒストグラムの形を観察できる機能が備わっているものもあります。身近なデータから傾向を読み取り考察するという学びの成果に向け，生徒の学びの環境を整えることが大切です。

学びの土台	学びの過程	学びの成果
	●	●

授業の実際

(1) データをもとにヒストグラムをかく

　クラスのハンドボール投げの記録をもとにヒストグラムをかいて分析しますが，あらかじめ階級の幅や初期値については提示せずに，生徒の判断に任せて個別作業の時間を十分に取ります。ICT環境が整っている場合には，積極的に利用することも考えられます。

T　このデータは2組の生徒全員のデータです。このデータをもとにして，ハンドボール投げの記録についてヒストグラムをかいて2組の特徴を分析してみましょう。

S　ヒストグラムの階級の幅は何 m にすればいいですか？

T　階級の幅は皆さんにお任せしたいと思います。2組の特徴を分析するために，自分で階級の幅を決めてグラフをかいてみてください。

S　何 m でもいいのですか？　例えば，$10m$ とか。

T　$10m$ でもいいですけど，分析できるかな？　分析に適した設定を考えてみてください。

> **ポイント**　生徒の実態に応じて，階級の幅をあらかじめ教師が提示せずに生徒に決定させるとよいでしょう。これによって様々な階級の幅をもつヒストグラムが作成されますが，複数のヒストグラムを比較することで，データの特徴の分析につなげることができます。

(2) ヒストグラムをもとに，クラスの特徴を分析する

　階級の幅をあらかじめ設定しなかったために，階級の幅が異なる複数のヒストグラムが作成されます。まず，それぞれのヒストグラムから読み取れるクラスの特徴を分析していきます。

T　作成したヒストグラムをもとに，2組の特徴を調べていきましょう。

S　階級の幅を$3m$，初期値を$7m$にしてヒストグラムをかきました。$13m$以上$16m$未満の度数が最も多いことがわかります。

S　階級の幅を$2m$，初期値を$8m$にしてヒストグラムをかきました。$30m$以上$32m$未満の人がいる一方で，$8m$以上$10m$未満の度数が5なので，記録には広がりがあります。

S　階級の幅を$5m$，初期値を$5m$にしてヒストグラムをかきました。$10m$以上$15m$未満の人が多く，一般的なグラフだと思います。

> **ポイント**　「記録には広がりがある」や「一般的なグラフ」といった生徒の分析・表現から，ヒストグラムの形状に着目させます。階級の幅や初期値によっては，特徴が異なるように見える場合があるという視点をもたせることにつなげられるようにします。

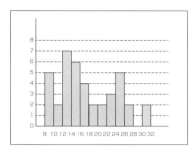

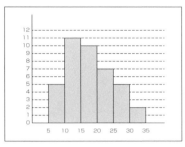

(3) 複数のヒストグラムを比較し，データの傾向を読み取り考察する

　一つひとつのヒストグラムをもとに分析することによって，階級の幅と初期値が異なることにより，読み取れるクラスの特徴が異なることに気づきます。この気づきからデータの分布の傾向を的確に読み取るためには，階級の幅の異なるヒストグラムをつくって検討したり，分布の特徴の原因を考えたりする必要があることを理解できるようになります。

T　いろいろな特徴が挙げられますが，結局2組はどんな特徴があるのでしょうか？
S　結局，どのグラフが正しいのですか？
T　どのグラフも記録をもとにしてヒストグラムをかいているから正しいね。
S　一つの山になっているヒストグラムを見ると，全体として遠くへ投げる人が少しずつ減っているので，ありきたりな感じがします。
T　なるほど。二つの山になっているヒストグラムはどうかな？
S　おそらく男子と女子で投げる距離が異なるから，二つの山になっているのでは？
S　野球部とハンドボール部の生徒がいるからかも。
T　特徴をつかむには，複数のヒストグラムを検討する必要がありそうですね。

ポイント　ここでは，一つの山をもつヒストグラム，二つの山をもつヒストグラムに着目します。どちらも正しいヒストグラムではありますが，特徴の記述が異なることに気づかせます。データの分布の特徴を的確につかむには，階級の幅の異なる複数のヒストグラムをつくり検討する必要性に気づかせるとよいでしょう。

11 試合に勝つための対策を考えよう

データの活用

不確定な事象の起こりやすさ

授業の概要

日常生活では多数回の観察や試行をもとに、不確定な事象の起こりやすさの傾向を読み取ることがあります。本授業では、ある野球チームの監督になり、対戦相手の投手の球種の傾向を分析していきます。実際にはどのような球種がくるかはわかりませんが、全体に対する割合をもとにグラフ表現と合わせてその特徴を記述していきます。それぞれのグラフの特徴を理解し、相対度数を確率とみなして不確定な事象の起こりやすさの傾向を読み取れるようにします。

問題

あなたはある野球チームの監督です。次回対戦する相手チームの投手について、過去の試合で投げた球種と球数を調べたところ、右上の表のようなデータが得られました。相手投手の球種と球数の傾向について、グラフを用いてわかりやすく分析し、どのような練習をすれば試合に勝てるか考えてみましょう。

球種	ストレート	スライダー	カットボール	チェンジアップ	カーブ	フォーク
球数	156	81	33	28	17	15

授業のねらい

与えられたデータからグラフをかくとともに、そのグラフを選択した理由を説明する活動を通して、それぞれのグラフの特徴を理解します。また、球種の相対度数を確率とみなすことによって不確定な事象の傾向を読み取り、どのような練習をしたらよいか、さらに必要なデータは何かといった問いを見いだすことをねらいとしています。

生徒につかませたい数学の本質

　不確定な事象を考察するために，その起こりやすさの傾向を読み取るためには，全体に対する割合を考えたり，相対度数を確率とみなしたりする必要があります。このような活動を通して，「次に必ず〇〇が起こる」とはいいきれなくても，その事象について考察したり判断したりすることができるようになり，数学と日常生活を関連づけて考えられるようになります。

　また，グラフからその傾向を読み取ることは，数学だけでなく社会や理科など他教科の学習や日常生活にも含まれます。本や新聞などでも，グラフとともに事象の解説がされることが多く見られます。データの一覧や表だけではわかりづらいものを視覚的にわかりやすくしたり，説得力をもたせたりするためにグラフ化することが考えられます。その際，目的や主張に応じてグラフを適切に選択し，それぞれのグラフは何を表すことに長けているのかを把握している必要があります。

知識及び技能	思考力，判断力，表現力等	学びに向かう力，人間性等
与えられたデータを整理し，不確定な事象の傾向を読み取るためのグラフがかける。	不確定な事象の傾向をグラフに表現し，それをもとにその傾向を読み取る。	グラフをもとにした不確定な事象の分析を日常生活に活用しようとする。

ユニバーサルデザインの授業づくりに向けて

　データの活用では，グラフを作成したり，データを整理したりするなどの知識や技能を生徒に身につけさせることだけでなく，データの分布の傾向を読み取ったり，時には批判的（クリティカル）に考察したり，判断したりするなど，コンピテンシー・ベースで生徒を育成していかなくてはなりません。そのため生徒には，表やグラフを手段として，データの分布に関する傾向を読み取ったり，それを他者に伝えたりする能力も求められます。本授業では，累積度数を扱う中で，パレート図を用いて考える場面がありますが，学びの土台として，Vilfredo Pareto が発見した「パレートの法則」にふれる必要はないまでも，データの分布の解釈において，集団の過半数以上がしたがう平均的な傾向は何かという視点をもって，生徒が活動できるようにすることが重要になってきます。また，学びの過程においては，そうした視点をもってグループで観察させつつ，少数のケースが表れる場面について考察させてもよいでしょう。

学びの土台	学びの過程	学びの成果
●	●	

▍授業の実際

(1) 様々なグラフにおける表現の特徴や読み取れる内容を理解する

　野球のルールや投手の役割を確認した後，球種と球数のデータを与え，グラフをかくことを分析の条件として取り組ませます。一人ひとりが様々なグラフをかくことが予想できますが，なぜそのグラフをかいたのか，そのグラフから読み取れる内容は何かを確認します。

T　対戦相手の投手の分析が重要だということがわかりました。対戦相手の投手のデータがここにあります。皆さんならどのような分析をしますか？　グラフと一緒に考えてみてください。

S　どんなグラフをかけばいいのですか？

T　自分の分析したい内容に合わせて，自分でグラフを選んでみてください。グラフと一緒に分析を示すことで，説得力が増すといいですね。

T　皆さんのグラフと分析を発表してもらいましょう。

S　円グラフにしました。円グラフにすると，球種の割合がわかりやすくなります。

S　棒グラフにしました。横軸を球種にすることで，それぞれの球種と球数がわかりやすくなります。

S　累積相対度数のグラフでかきました。

T　なぜ累積相対度数のグラフにしようと思ったのですか？

S　グラフの傾きに着目すれば，どの球種がどのくらいかわかると思ったからです。

> **ポイント**　表からグラフに表現する場合，目的に応じてそのグラフを選択していることが大切です。また，球種と球数という二つの数量が一つのグラフに表れていた方がわかりやすいことや，累積相対度数のグラフでは傾きに着目して読み取るなど，それぞれのグラフ表現とその特徴を押さえられるようにしていきます。

(2) 相対度数をもとに，不確定な事象の起こりやすさの傾向を読み取る

　様々なグラフによる分析が考えられる中で，相対度数のグラフが何を意味するか考える機会を設定します。相対度数のグラフや円グラフなどの割合を表すグラフをもとに，不確定な事象の起こりやすさの傾向を読み取ります。

T　いろいろなグラフ表現の方法がある中で，相対度数のグラフに着目してみましょう。このグラフからわかることは何でしょうか？

S　球種の割合。

T　割合を表すグラフは他にもあったね。円グラフとの違いはあるかな？

S　相対度数のグラフは，形としては棒グラフに近いグラフかな。

S 円グラフだと，球種が多いとかいたり読み取ったりすることが大変になるけれど，相対度数のグラフだったら，球種がもう少し多くても対応できそう。
T なるほど。円グラフや相対度数のグラフをもとにすると，どのような練習をすればいいでしょうか？
S ストレートとスライダーの練習。
S 時間があるなら，それぞれの球種の練習時間の割合を，球種の割合と同じにすればいい。時間がないなら，ストレートかスライダーに絞るしかない。

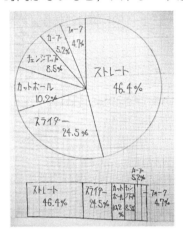
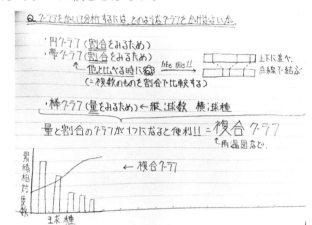

> **ポイント** 不確定な事象の起こりやすさの傾向を読み取る際には，多数回の試行や観察をもとにしていますが，相対度数に表すなど全体に対する割合から推測していることを確認します。

(3) **複数の数量を表すグラフについて理解し，グラフの読み取りを他教科へ生かす**

　多数回の観察の結果に対して，全体に対する球種の割合を考えることによって，相手投手の分析を行います。さらに，グラフ表現の一つとして複数の数量が一つのグラフになっているものがあることを知ることを通して，グラフの読み取りを豊かなものにしていきたいところです。

T 割合をもとに皆さんが投手の分析をしてくれました。割合だけでなく，球数も一つのグラフに表現されていたら便利で，さらにたくさんのことが分析できると思いませんか？
S どういうことですか？
T 累積相対度数のグラフをかいてくれた人がいましたが，このグラフに球数を一緒に表したグラフをパレート図といいます。
S 球数が度数で，その割合が累積相対度数ですか。左右両方の縦軸を使っています。
T そうですね。複数の数量が一つに表されている複合グラフと呼ばれているものの一つです。身の回りにある複合グラフを探してみましょう。

12 どうやって当てているのだろう？

数と式

文字を用いた式

授業の概要

まず，生徒の前で計算を使ったマジックを披露します。下の問題で挙げた①〜⑤の手順で得られた数字を生徒から教えてもらい，「生徒が消した数字」を当ててみせます。何回か行ってみせることで，生徒は③の操作で得られた数の各桁の数字の和が18になることに気づきます。そして，三桁の数字を文字式で表して考察することで，その謎を解明していきます。

問題

① まず，三桁の数字を書いてください。
（ただし，一の位と百の位の数が同じにならないようにしてください）
② 次に，その数字の一の位と百の位を入れ替えた数字を書いてください（図1）。
③ それら二つの数字のうち大きい方から小さい方を引き，その答えを求めてください。
④ そして，その答えの数字のうち一つを消してください（図2）。
（どの数字でもかまいません，③で得られた数が二桁の場合は一方を消します）
⑤ 最後に，残った数字を足してください（図3）。

授業のねらい

　計算を使ったマジックの「ひみつ」について、生徒が具体的な数を観察することで規則性を発見したり、三桁の数を文字式で考えたりすることを通して、計算から得られた数がいつでも99の倍数になることがわかるようにします。

生徒につかませたい数学の本質

　教師は、⑤の操作で得られた数をもとに、④で消した数を当てていきます。例えば、図3の場合、生徒が「残った数字の和は10です」と答えたとすると、教師は「消した数字は8ですね」とマジックのように当ててみせるのです。そのとき、黒板に⑤の計算結果と④で消した数を並べて書いていくことで、それらの和が常に「18」になっていることに生徒は気づいていきます。そこで、百の位の数をa、十の位の数をb、一の位の数をc（$a>c$とします）として考えると、$(100a+10b+c)-(100c+10b+a)=99(a-c)$となるため、99の倍数になることがわかります。99の各桁の数の和は18になります。また、99の倍数は99を加えていくことで求められますから、100を加えて1を引くと考えることができます。つまり、百の位の数が1増えると、一の位の数は1減っていくのです。そのため、各桁の数の和は18になります。

知識及び技能	思考力，判断力，表現力等	学びに向かう力，人間性等
既習の計算の方法と関連づけて、文字を用いた式を具体的な場面で活用できる。	具体的な事象の中の数量の関係を、文字を用いた式で表す。	具体的な事象の中の数量の関係を、捉え説明しようとする。

ユニバーサルデザインの授業づくりに向けて

　本授業では、導入の場面でマジックを数回披露し、問いと考える必然性を共有できるようにします。学びの土台として、問題で提示された手順を誤って捉える生徒もいますが、何度か行ったり、確認したりするうちに伝わってきます。そして、学びの過程として、「各桁の数字の和が18になる」という、当初の問いに対する結論を得るのですが、そこから「なぜ18になるのか？」という後半の探究の問いにつなげ、二段構えのデザインで問題解決の過程を共有します。

学びの土台	学びの過程	学びの成果
●	●	

▌授業の実際

(1) 計算を使ったマジックの「ひみつ」を探る

　問題で示した①～⑤の操作を例示し，生徒にも各自のノートに行ってもらいます。

T　それでは，今から私が，この消した数字を当ててみせます。いくつになりましたか？
S　「9」になりました。
T　それでは当ててみせましょう。消した数字は「9」ではないですか？
S　当たりです。
　　（生徒一同，拍手）
T　どんな計算をしたか教えてもらえますか？
S　計算結果は99になったのですが，十の位の「9」を消して残った数も「9」になりました。
T　たまたま当たっただけかもしれませんので，もう少し聞いていきましょう。
S　私は「14」になりました。
T　「14」ですか，…。わかりました。消した数字は「4」ですね。
S　すごい！　当たりです！
T　どうして先生は数字を当てることができたのでしょう？　もちろんマジックですから，「ひみつ」があります。今日は皆さんとこのマジックの「ひみつ」を探っていきたいと思います。もう，このマジックの「ひみつ」がわかったという人はいませんか？
　　（数人が手を挙げる）
T　それでは，もう一回やってみせましょう。
　　（数回行い，図4をもとに「ひみつ」を予想させる）
T　その予想した「ひみつ」を隣近所で確認し合ってみましょう。
　　（隣近所で「ひみつ」を確認する）
T　では，聞いてみましょうか。どんな「ひみつ」が見えましたか？
S　消した数字と，残った数字を計算した数字を足すと「18」になっている。
S　それぞれの桁の数字を足すと，「18」になります。

```
 9 9 → 9
 4 9 5 → 9 + 5 = 14
 1 9 8 → 9 + 8 = 17
 6 9 3 → 6 + 3 = 9
 2 9 7 → 2 + 9 = 11

 □は消した数字
```

図4

> **ポイント**　マジックを数回行い，生徒が帰納的な観察を行う場面ですが，板書に手がかりを残すようにします。また，隣近所で「ひみつ」を確認し合えるようにします。

(2) なぜ「18」になるのかを考える

T では，なぜ「18」になるのでしょう？
（③の「答え」を生徒から聞き，図5のように黒板に書く）

T これらの数に，「各桁の数字を足したら18」になる以外に共通しているものは何でしょうか？
（生徒たちは相談しながら数字を観察する）

T それでは，皆さんが発見したことを教えてください。

S すべての数の真ん中に「9」が入っています。

S 「99」は，十の位が「9」だよ。

S 十の位を隠すと，（九九の）「九の段」になっている。

S どの数も9で割れました。

S 9で割ると，693÷9＝77，792÷9＝88，891÷9＝99みたいに11の倍数が出てきます。

T 何か，「9」にひみつが隠されていそうですね。

S わかった，九の段と同じだ。

T 何が同じなのでしょう？

S 百の位が1つずつ増えて，一の位が1ずつ減っている（図6）。

S だから，横に足すと「18」になるんだ。

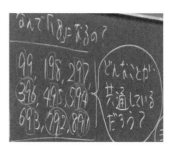

図5

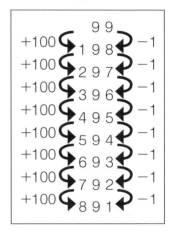

図6

(3) なぜ「99の倍数」になるのかを考える

T これらの数（図5）は，9の倍数でもあり，11の倍数でもあります。

S そうか，99の倍数なんだ。

T では，なぜ「99の倍数」になっているのでしょうか？

S 二桁の自然数のときみたいに，文字で考えたらいい。最初の数を$100a+10b+c$ってすると，入れ替えて$100c+10b+a$になるから，引けばいいんじゃない？！
$(100a+10b+c)-(100c+10b+a)=99(a-c)$

T 確かに，99が出てきましたね。

> **ポイント** マジックの「ひみつ」から「なぜ18なのか？」という謎が出て，それを解くと「なぜ99になるのか？」という謎が出てきて文字で解決する，という展開を意識します。

〈参考文献〉
・北島茂樹（2017）「自ら『問題解決過程の振り返り』をさせるポイント」『数学教育』No.712，明治図書

13 シュートの本数は何本？

2年
数と式
連立方程式

授業の概要

本授業では，連立方程式の導入場面で教科書などでもよく扱われる，バスケットボールのシュートの本数を当てるありふれた題材を用いています。ただし，図1や図2のようなメッセージのやり取りを，プレゼンテーションソフトを用いて時系列に沿って順に提示することで，教師と生徒，あるいは生徒同士の対話の中から，学びに向けた必然性のある「問い」をタイミングに合わせて提示できるようにしています。

問題

先日，あゆむさんとバスケットボールの試合について，図1や図2のようなメッセージをやり取りしました。

【図1の場面】
あゆむさんは，3点入るシュートと2点入るシュートをそれぞれ何本ずつ決めたのでしょうか。

あゆむ「今日シュートを9本決めたよ」
わたし「すごい！ 18点も入れるなんて」
あゆむ「違うよ」
わたし「3ポイントを決めたの？」
あゆむ「もちろん」

図1

【図2の場面】
どうして，3点入るシュートと2点入るシュートのそれぞれの本数がわかったのでしょうか。

あゆむ「何点取ったと思う？」
わたし「う〜ん 21点かな…」
あゆむ「すごい！ 正解!!」
わたし「わかった！ 3ポイントシュートを3本，2点のシュートが6本決まったんじゃない?!」
あゆむ「なんでわかったの？」

図2

授業のねらい

　二つの文字を含む方程式について考えることを通して，二元一次方程式や連立方程式とその「解」について理解するようにします。図1の場面では，あゆむさんの「違うよ」というメッセージから，何が「違う」のかを生徒が考えることで，二元一次方程式の立式やその方程式を成り立たせる「解」について考えていけるようにします。また，図2の場面では，「それぞれの本数」がわかった理由を生徒が考えることで，二つの二元一次方程式を成り立たせる共通な値の組や連立方程式の「解」について考えていけるようにします。

生徒につかませたい数学の本質

　連立方程式の導入では，二元一次方程式の解が，その方程式を成り立たせる二つの文字の値の組であることを扱うのですが，1年で学んだ一元一次方程式の解が一つであったのに対し，2年で学ぶ二元一次方程式では，解が無数に出てきてしまいます。実は，方程式の解の意味は，1年と本質的に変わってはいないのですが，一元一次方程式における既習と対比させながら，「方程式を解く」ことについて丁寧に扱いたいところです。

知識及び技能	思考力，判断力，表現力等	学びに向かう力，人間性等
二元一次方程式とその解の意味を理解する。 連立二元一次方程式とその解の意味を理解する。	一元一次方程式と関連づけて，二元一次方程式や連立二元一次方程式の解を求める方法を考察する。	一元一次方程式の既習と対比させながら，二元一次方程式や連立二元一次方程式を解こうとする。

ユニバーサルデザインの授業づくりに向けて

　本授業では，学びの土台として前提を共有するために，バスケットボールのシュートと点数についての知識がない生徒がクラスにいることも考えられますので，バスケットボール部に所属している生徒がいる場合は，それらについて説明させる場面をもつことも大切です。また，学びの成果として，二元一次方程式とその解の意味や連立二元一次方程式とその解の意味を，1年の一元一次方程式の既習と結びつけ，表を用いて具体的に考えさせることが必要です。

学びの土台	学びの過程	学びの成果
●		●

▌授業の実際

⑴ **3点入るシュートと2点入るシュートをそれぞれ何本ずつ決めたのかを考える**

T　どうしてあゆむさんは「違うよ」といっているのでしょうか？

S　3ポイントシュートも入れたからじゃない?!

> あゆむ「今日シュートを9本決めたよ」
> わたし「すごい！　18点も入れるなんて」
> あゆむ「違うよ」

図3

T　9本のシュートがすべて2点入るシュートだけとは限りませんよね。（図1の場面まで提示して）確かに，3ポイントも入れたようです。

S　メッセージを送るくらいだから，3ポイントを結構入れたのかも。

T　2点入るシュートと3点入る3ポイントシュートをそれぞれ何本ずつ入れたのか，予想してみましょうか。

S　2点のシュートが7本で，3ポイントが2本くらいかも。3ポイントは難しいから。

S　いや，3ポイントが4本で，2点のシュートが5本なんじゃないかな？

T　他にも予想がありそうですが，この関係を式に表すことができそうですね。

S　関係式ってことは，シュートを x とか文字にするってことですか？

T　そうですね。では，3ポイントを入れた本数を x，2点のシュートを入れた本数を y として等式をつくってみましょうか。

S　9本入れたんだから，$x + y = 9$ ですよね。

T　その通りです。皆さんの予想した本数は，この等式を成り立たせますよね。そうだとしたら，この等式は方程式なのでしょうか？

S　答えがいくつもあるのは方程式じゃないよ。

S　文字が二つあるからおかしい。

T　1年では，「式の中に文字を代入したとき，値によって成り立ったり，成り立たなかったりする等式」を方程式っていいませんでしたか？
　（方程式の定義を板書する）

S　そうでしたっけ？

T　実は，文字が二つあっても方程式なんです。このように，文字が二つ入る方程式を「二元一次方程式」といいます。「二元」というのは，「二つの文字」のことです。

S　何か変な感じ。

> **ポイント**　教室に設置されているディスプレイなどに，プレゼンテーションソフトでメッセージのやり取りを順次表示させながら，対話を通して問いをつくっていきます。

(2) それぞれの本数がなぜわかったのかを考える

T 先ほど，皆さんにしてもらった予想は，この方程式の「解」なのでしょうか？
S そうやって聞くってことは，きっと解なんだろうけど，いくつもあっておかしい。
T １年生のときは，どんなものを「方程式の解」といったのか振り返ってみましょう。

　　方程式を成り立たせる文字の値を，方程式の解という

S じゃあ，この方程式には，いくつも解があるんですか？
T はい。皆さんが予想した，xとyの値の組はすべてこの二元一次方程式の解になります。

　　二元一次方程式を成り立たせる文字の値の組を，二元一次方程式の解という

このように，解を見つけることを「方程式を解く」といいましたね。
二元一次方程式「$x+y=9$」の解，つまりxとyの値の組で表をつくってみましょう。

3ポイントシュートの本数（x）	0	1	2	3	4	5	6	7	8	9
2点シュートの本数（y）	9	8	7	6	5	4	3	2	1	0

T （次に図２の場面を提示）21点取ったことについて等式をつくるとどうなるでしょう？文字はさっきと同じです。
S 3ポイントがxで2点のがyだから，$3x+2y=21$です。これも方程式なんですか？
T そうです。これも二元一次方程式です。この方程式を成り立たせる値の組を，表にして考えてみましょうか。
S 全部埋まりません。

3ポイントシュートの本数（x）	0	1	2	3	4	5	6	7
2点シュートの本数（y）		9		6		3		0

T $3x+2y=21$のxに0を代入したときのyの値はいくつでしょう？
S 分数になってもいいの？　シュートの本数でしょ?!
T 二元一次方程式「$3x+2y=21$」の解，つまりxとyの値の組を書いてみましょうか。

3ポイントシュートの本数（x）	0	1	2	3	4	5	6	7
2点シュートの本数（y）	$\frac{21}{2}$	9	$\frac{15}{2}$	6	$\frac{9}{2}$	3	$\frac{3}{2}$	0

T どうして，それぞれの本数がわかったのでしょう？
S $x=3$，$y=6$のところがどっちにもあるからじゃないんですか。

> **ポイント**　一元一次方程式における既習と対比させながら，解の意味や方程式を解くことを対話を通して扱ったうえで，連立方程式やその解について定義していきます。

14 三角定規を組み合わせてみると？

図形

平面図形の性質

授業の概要

　本授業は，金子潤先生（函館市立桔梗中学校）の授業がもとになっています。この授業で生徒たちは多角形の内角の和を求める活動を行うのですが，その際に，生徒たちの手元には図1のような長さをもつ二種類の三角定規を一組ずつ配付してあります。

　最初，生徒たちはペアになり，二人で四枚の三角定規を用いて四角形や五角形をつくり，その内角の和を考えていきます。それぞれの三角定規の角度はわかっていますから，例えば，図2のような四角形の場合，「$60°+90°+45°+90°+45°+30°=360°$」と考える生徒もいますし，また「三角形の内角の和が180°である」という既習を用いて「$180°×2=360°$」と考える生徒もいます。そして，四角形や五角形をいくつかの三角形に分けたとしても，内角の和が360°や540°になることを見いだした後，六角形の内角の和について考察し，さらには n 角形の和について類推していきます。

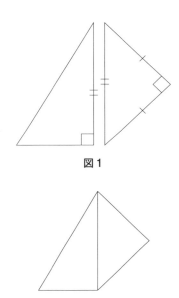

図1

図2

問題

> 次の多角形の内角の和の求め方について調べ，その方法を説明しましょう。
> (1) 四角形
> (2) 五角形
> (3) 六角形

授業のねらい

　まず生徒が，多角形の内角の和に関心をもつことで，いろいろな方法で求めることができるようにします。そして，多角形の内角の和の求め方を自分なりに説明していくことで，n 角形の内角の和が「$180° \times (n-2)$」であることを見いだせるようにします。

生徒につかませたい数学の本質

　本授業の面白いところは，具体的な観察を通して，n 角形を多くの三角形に分割したとしても，結局のところ $(n-2)$ 個の三角形に分割すればよいのだということを，生徒自身が見いだしていく点にあります。さらに，なぜ $(n-2)$ 個の三角形に分割できるのかについて，ある頂点から対角線を引いたとき，その両隣の点には対角線を引くことができませんから，対角線は $(n-2)$ 本になることにつなげて考えられるようにしていきたいところです。また，多角形の内角の和は，不変量としての多角形の外角の和を見いだすことにもつながっていきます。

知識及び技能	思考力，判断力，表現力等	学びに向かう力，人間性等
多角形をいくつかの三角形に分けたとしても，結局は $(n-2)$ 個の三角形に分割されることがわかる。	直角三角形を組み合わせて多角形を表したり，多角形を三角形に分割して内角の和を考察したりする。	多角形の内角の和を，多角形の中に三角形を見いだし，分割することで求めようとする。

ユニバーサルデザインの授業づくりに向けて

　生徒は，小学校5年で，「三角形の3つの角の大きさの和が180°」であることを根拠に，四角形の四つの角の大きさを，四角形を対角線で二つの三角形に分けて「$180° \times 2$」と考えたり，四角形の中に点をとることで四つの三角形に分け，その点の周りの角である360°を引いて「$180° \times 4 - 360°$」と考えたりすることで，求めています。学びの土台としては，これらの既習を踏まえつつ，生徒の手元に図1のような三角定規を配付し，具体的に角度を求めさせることから授業を始めていきます。また，学びの過程としては，多角形をつくる活動の中で，その辺の上にできる180°の角の扱いについても考えさせたうえで，一般化していきます。

学びの土台	学びの過程	学びの成果
●	●	

▌ 授業の実際

(1) 手元にある三角定規を組み合わせて四角形と五角形の内角の和を求める

T まず，二人一組になって，三角定規を組み合わせて四角形や五角形をつくってみてください。そして，その内角の和を求めてみよう。

S 私たちは二つの三角定規を使って四角形をつくりました（図2）。内角の和は，三角定規のすべての角を足して360°になります。

S 三角形の内角の和は180°なんだから，180°×2と考えてもいいと思います。

S 私たちは，三つの三角定規を使って五角形をつくりました（図3）。内角の和は，180°×3＝540°になりました。

S 四つの三角定規を使っても四角形をつくれます（図4）。

T この四角形の内角の和は，何度になるのでしょうか？

S 180°×4＝720°？

S 四角形なんだから，360°なんじゃないの？！

S でも，何だか，つなぎ目のところがおかしい。

T どうおかしいのかな？

S 例えば，ここは90°が接しているから，まっすぐになっている（図5左の○囲み）。

T 「まっすぐ」ってことは，ここは何度なの？

S そこは180°になります。そっか，それを引けばいいんだ。

S ここ（図5右の○囲み）も45°＋45°＋90°＝180°になっているから，「無い角」になっています。

T 「内角」ではなくて，「無い角」なのですね。

S だから，180°を二つ分ひいて，「180°×4－180°×2＝360°」って考えればいい。

T では，図6のような五角形はどうでしょう。これも，180°×4＝720°ですよね？！

S 違う，違う！「無い角」が1つあるから引かないとダメ！

T そうですね。だから，180°×4－180°＝540°になります。

図3

図4

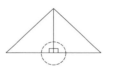

図5

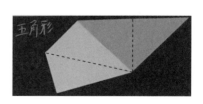

図6

> **ポイント** ここでは，厚紙で色のついた三角定規を準備し，同じ色と形の黒板用直角三角形を用意することで，生徒が手元で発見したことを説明したり共有したりしています。

(2) 求めた六角形の内角の和について説明し，n 角形の内角の和について考えていく

T 四角形と五角形の内角の和について，三角定規を使って考えてもらったのですが，これ，三角形は，三角定規の形じゃなきゃダメなのでしょうか？

S 大丈夫。三角形に分けられれば，別にどんな三角形でもいいと思う。

S でも，三角形に分けても，「無い角」を見つけたら引かなきゃダメ。

T では，次は三角定規を使わずに六角形の内角の和を求めてみましょう。ワークシートを配りますね。

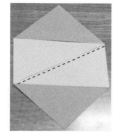

図7

S 私たち，さっき図7みたいなのつくったよね。

T それもぜひやってみてください。自分で何個の三角形に分割するかを考えて，考え方がわかるように求めてみてください。
（各自ワークシートに取り組む）

T では，一度皆さん顔を上げてください。いろいろなアイデアが出ていますので，書画カメラに映してもらって，みんなで見て考えていきたいと思います。

S 六角形を対角線で4個の三角形に分割すると，三角形の内角の和は180°だから，180°×4になって，六角形の内角の和は720°になります。

T 図8みたいに，4個の三角形に分けた人もいましたね。

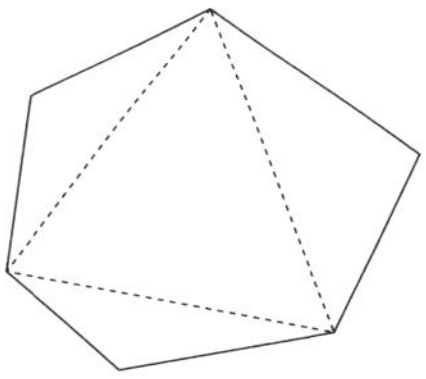

S 私も，4個の三角形に分けました（図8と同じ分け方）。

T どの分け方でも，180°×4＝720°になりますね。

図8

S 私は，図9のように5個の三角形に分けたんだけど，180°になっているところがあって，そこは角になっていないから，そこの分を引いて，やっぱり720°になります。

T いろいろな分け方がありますが，4個に分けた者が多いようですね。どうして4個なのでしょうか？

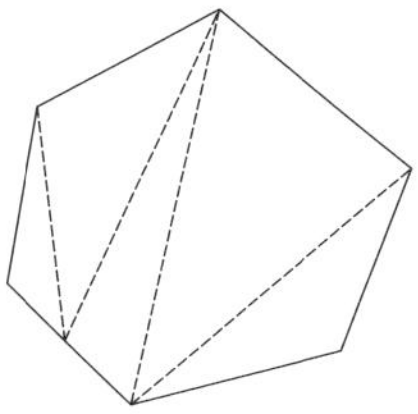

S 4個に分けると，かけ算だけで求められるので，計算が簡単です。

図9

T 同じように考えて，七角形はいくつでしょう？

S 5個です。

S 五角形だと3個，六角形だと4個，七角形だと5個と，2個少なくなっている。

T いいところに気がつきましたね。では，n 角形だとどうなるでしょう？

S （$n-2$）個じゃないんですか？

ポイント （$n-2$）個に気づいたところで，n 角形の内角の和が「180°×($n-2$)」につなげてもいいですが，次時に対角線の数を合わせて考えると，より深まります。

15 プレゼンに強くなろう

図形

図形の合同

授業の概要

　自分の意見を説明するとき，どのような要素を盛り込むと話が正確に相手に伝わるのか，また，話し方のコツがあるのだろうかといった，いわゆるプレゼンに必要な力を話し合います。続いて，それらは数学の時間に学ぶ証明の手順と酷似した部分があることに触れます。証明の問題に実際に取り組む前に，証明のしくみを図示することで視覚的に理解していきます。

問題

　右の図のように，線分 AB と CD の交点を P とし，A と C，B と D をそれぞれ線分で結ぶとき，AP = BP，CP = DP ならば，AC = BD であることを証明しましょう。

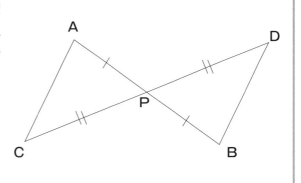

授業のねらい

　証明には「仮定」から「結論」に至るまでの構造があり，それを過不足なく表現すると，ある程度形式的なパターンで記述できることになると理解させます。必要以上に記述の細部にこだわらず，証明のしくみを理解させることに重点を置きます。

生徒につかませたい数学の本質

　批判的思考とは他者を批判することではなく，論理的で偏りがなく，自らの思考過程に自省的な態度を含むことが大切です。そのためには，議論を行う前提条件を踏まえて，互いに認められることを根拠として進めていくことが必要です。

　証明は常に成り立つことを説明するためのものというイメージもありますが，必ずしもそうではありません。常に成り立つと認められていることを根拠にして，あくまでも「仮定」から「結論」を導くということです。したがって，「仮定」に含まれている内容を正確に読み取ることは，批判的思考の精神を養ううえでも重要な態度といえるでしょう。例えば，平行線は交わらないというユークリッド幾何学では公理ですが，球面幾何学の世界では，平行なはずの経線が北極や南極で交わっていることを地球儀で簡単に確認できます。このような，枠組みを決めて考えることの有用性と限界を意識しておきたいところです。

知識及び技能	思考力，判断力，表現力等	学びに向かう力，人間性等
証明のしくみを構造で捉え，証明の必要性と意味を理解する。	根拠にもとづき，しくみを理解して，論理的に考察して表現する。	他者と折り合いをつけることが必要な様々な場面で，わかりやすく説明しようとする。

ユニバーサルデザインの授業づくりに向けて

　生徒は，図形の合同について，小学校5年で合同な三角形をかいたりつくったりする活動を通して，「3つの辺の長さが決まる」「2つの辺の辺の長さとその間の角の大きさが決まる」「1つの辺の長さとその両端の角の大きさが決まる」など，図形が「決まる」ことについて学んできています。また，中学校1年で基本的な作図を学ぶ中で，作図の妥当性を伝え合ったり，議論したりしてきているはずです。そこで，証明の構造を捉えることは大切になりますが，それがわかったからといって，必ずしも証明ができるようになるとは限りません。そのため，証明ができるようになることだけを直接的な学びの成果としてのゴールにするのではなく，むしろコミュニケーションとしての証明を考えるなら，プレゼンから類推したり，既習の活動と結びつけて考えたり対話したりする学びの過程を重視することで，証明のしくみの理解につなげていきたいところです。

学びの土台	学びの過程	学びの成果
	●	●

授業の実際

(1) 証明の構造がプレゼンと似ていることを理解する

「三角形の合同を用いた証明のパターン」といった解法の型にはめようとしても，証明については限界があります。むしろ，より一般化された日常的なスキルに置き換えることで，証明の型をスムーズに理解できます。

T 説明がわかりやすいとか，説得力があるってどういうこと？
S 話が長くない。ダラダラしていない。
S 数字とか，理由がある。
S 具体的な例がある。
T みんな結構いいこといっているね。『状況を押さえる。要点を説明する。根拠を示す。最も大切なことを復唱する』というのが，プレゼンの一つのパターンだ。短い制限時間の中で要領よく話すのは，会社に入ってから大事だよ。でもこれって，数学の表現のパターンと結構近いって知っておくと便利だね。

> **ポイント** 数学の証明を堅苦しく考えている生徒や説明の書き方がわからないと思っている生徒に，まずは証明の構造を理解させると学習に取り組みやすくなります。

(2) 証明のしくみを図示する

証明をはじめから文章化していくのは難しいですが，流れがわかるような構造図を用意すると，生徒の頭の中が整理されるようです。何をどのような順序で記述するかが整理できると，後半の複雑な問題になっても混乱が少なくなります。

T 状況を整理しよう。何に注目して，どんな前提があるのかな？
S 注目するのは三角形で，前提は $AP = BP$，$CP = DP$。
T そうだね。それで，最も大切な最後にいいたいことは何？
S $AC = BD$。
T その通りだね。これを誰もが納得できるよう，要点を整理しながら根拠をまとめよう。
……
T アウトラインができあがると，いずれ複雑な証明問題が出ても記述がスムーズになるよ。

> **ポイント** 証明のしくみを図示することで流れを視覚化して，より複雑な問題になっても混乱しにくくなります。

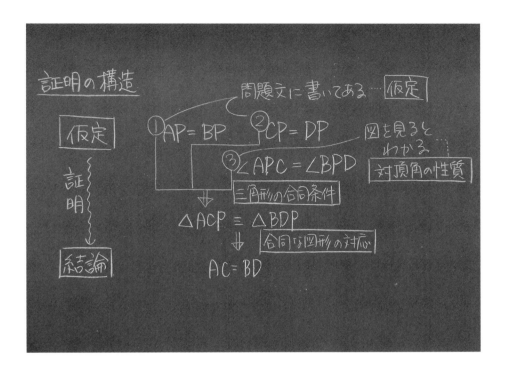

(3) 構造図から文章化するとだいたいみんな同じ記述になることを理解する

　まずは証明のしくみを学ぶという目的を最優先させるために，細かなところにこだわらず進めることが大切だと思います。証明は記述の分量が多くなるため，問題自体の難易度よりも記述に対する嫌悪感が先行してしまい，将来的に苦手意識がたまりやすくなります。おそらく，数学の教師としては，構造がわかってさえいれば，文章としては拙くとも高い評価をしたくなるのではないでしょうか。

T　証明の構造が理解できたらあとは文章化だけど，「だから」とか「したがって」とか適当につけ加えれば何とかなるから気楽にやってみて。

S　そんないい加減で大丈夫なんですか？

T　細かいマナーや業界でのジョーシキはあるけど，それはあとで教えるから大丈夫。

S　業界でのジョーシキって何ですか？

T　数学の専門家にとっての習慣とか，暗黙のルールとかそんな感じ。大筋ができていないときには気にも留めないやつ。

S　それならまだ関係ないや。

> **ポイント**　初学者に対しては，細部にこだわらず大筋を捉えることを優先した方が苦手意識がたまらず，学習が進みやすくなります。

16 変化の割合が一定とはどういうこと？

関数 / 一次関数

授業の概要

　中学生にとって，一次関数における変化の割合の理解は，難所の一つになっています。その原因として，変化の割合の意味を考えることなくその値を求め，それが傾きと等しいと覚えるだけの浅い学びに終始していることが挙げられます。そこで，変化の割合を表の中から見つけ出し，さらに，「変化の割合が一定である」ということは，「グラフが直線である」ことにつながることを追究していきます。その際に，反比例の変化の割合についても考える機会を設け，変化の割合の意味を考えつつ，その理解を深めていきます。

問題

> $y=2x+1$ の表を観察したときに見つけた，「x の値を1増加させたときの y の値の増加が常に2になる」ということをさらに広げてみましょう。x の値を1以外に増加させたときの y の値を調べ，どんなことがわかるかまとめましょう。

授業のねらい

　変化の割合が $\dfrac{y \text{の増加量}}{x \text{の増加量}}$ で与えられることの意味を理解するとともに，変化の割合は関数のグラフで何を表しているのかを考えていきます。そして，グラフ上に二点をとり，二点間の変化を「割合」で表していることに気づくようにします。さらに，その二点間を結んだ線分の観察から「変化の割合が一定である」ならば「グラフは直線である」ことに気づかせます。その意味を振り返らせるため，直線でない関数の反比例で変化の割合についても考察させます。

生徒につかませたい数学の本質

　変化の割合についての学習は，高校における平均変化率についての学びを経て，微分によって変化を捉えていくための素地を育てます。そのため，変化とは何か，変化を捉えるとはどういうことなのかを生徒につかませることが，本授業における数学の本質になります。そのためには，変化の割合の意味について生徒が考えていくための活動が必要になります。

　変化の割合が何を表しているのか，生徒は表・式・グラフから読み取っていきます。表の観察は，比例と反比例同様に行いますが，xの値を増やしたときのyの値の変化の仕方を具体的に考えていくことが大切になります。そこで，変化について「割合」で表しているわけですから，生徒にxの値が1増加したときのyの値の変化を考えているということに気づかせ，そのため，「yの増加量」を「xの増加量」で割っているのだ，という気づきにつなげたいところです。さらに，「変化の割合が一定である」ために「グラフが直線になる」ことの特殊性を，既習である反比例と比較することで，「変化の割合が一定でない」から「曲線になる」ことの観察や考察を通して，振り返って実感させることで変化の割合についての理解が深まります。そして，関数$y = ax^2$でも変化の割合について扱うことで学びを深めていきたいところです。

知識及び技能	思考力，判断力，表現力等	学びに向かう力，人間性等
変化の割合の意味を知り，それが，一次関数では傾きに等しくなることがわかる。	変化の割合がグラフでは何を表すものなのかを追究し，それらの関連について考える。	直線になる場合と曲線になる場合とを比較して変化の割合の意味を考えようとする。

ユニバーサルデザインの授業づくりに向けて

　割合の概念の理解は，小学校の算数における難所の一つですので，その理解が十分でない生徒は2年生でも少なからず存在します。割合についての理解は，変化の割合の学びに影響しますので，学びの土台として生徒の実態を把握しておくことが必要になりますし，個別で対応するケースも考えられます。ただ，割合の理解だけに固執する必要はありません。また，生徒が「変化の割合とは何か？」について考える際に，グラフ上に二点をとり，その二点間におけるxやyの増加量がどうなっているのか，その傾きは直角三角形でどう表されるのかなどを具体的に考えさせることが，学びの成果につながります。

学びの土台	学びの過程	学びの成果
●		●

▌授業の実際

(1) x の増加量と y の増加量の関係について考える

前時までの活動（表の作成）をもとに問題を提示します。本時は活動から入る構成にしたので，気づいたことをノートにメモをしていくように促します。すると，どのような二点間で割合の変化を調べても等しくなることに気づきます。

T　前時，一次関数 $y=2x+1$ の表を観察して，比例との共通点を多く見つけてくれました。本時はさらに表を観察して，気づいたことを記述してきましょう。

S1　x の値を2増やしたら，y の値は4増えました。これはどこでも同じようになります。

S2　x の値を3増やしたら，y の値は6増えます。これは，x の値の増やしたものを2倍すれば，y の値の増えるものになるということがわかります。

T　皆さんは，x の増加量と y の増加量には関係があるということを見つけてくれました。それは意味あるものとして，名前がついています。皆さんは見つけてくれた関係を，$\dfrac{y の増加量}{x の増加量}$ と表現することで，この値は常に2になることがわかります。これを，変化の割合と呼んでいるのです。

S3　$y=2x+1$ の変化の割合は2ですか？　式の a の部分と同じになるのでしょうか？

T　いい質問ですね。確かに，一次関数 $y=2x+1$ の変化の割合は2で，a の部分と一致します。しかし，そのように覚えてしまうと，大きな誤解につながりますので，変化の割合がどういうものか実感するためにも，もう少し追究をしてみましょう。

> **ポイント**　変化の割合の求め方や式の傾きと一致することは，事実として確認をしておきたいです。しかし，そこで終わりにしてしまわず，必ず複数の二点間の変化の割合について考えるように促していきます。

(2) グラフをもとに，一次関係の変化の割合について考える

グラフ上で二点間の変化の割合と x 方向と y 方向に分けて記述するように促し，直角三角形の斜辺部分が二点間を結ぶ線分になっていることに気づかせます。そして，その傾き方がどれも同じであることから，変化の割合が一定であることが，グラフが直線であることに関係していることに気づかせます。

T　それでは，変化の割合を実感するために，表で考えた二点をグラフ上で示し，x 方向へどれだけ増えたか，y 方向へどれだけ増えたかというのを，矢印を使って表してみましょう。そして，いくつかやってみて，気づいたことをまとめてみましょう。

S4　点から点へ矢印をかいてみると，全部同じ方向に矢印が向いています。それに，直角三

	角形の斜めの辺になっています。
S5	変化の割合というのは，この直角三角形の斜めの辺のことだと思います。傾き方というかそういう感じです。
T	なるほど，傾き方ですか。実は，一次関数の $y=ax+b$ の a のことを，傾きといいます。
S6	ということは，変化の割合は，グラフの傾きのことを意味しているのですね。
T	一次関数では変化の割合が2という一定な値で，傾きということもわかりました。ならば，この変化の割合が一定ということは，どんなグラフであるということを示しているのか表現してみてください。
S7	グラフのどこの二点間をとっても傾き方がずっと同じなのだから，一次関数のグラフは直線ということを示しているのだと思います。
T	すばらしいです。では，皆さんの知っている関数はすべて直線でしたか？
S8	反比例が曲線でした。
T	反比例の変化の割合はどうなっているのでしょうか？ $y=\dfrac{6}{x}$ を例にして考えてみましょう（生徒たちは表をつくって確認を行う）。
S9	反比例の変化の割合は一定にはなりませんでした。とる二点によって値はバラバラです。
T	ということは，変化の割合とはいったい何なのでしょうか？
S10	変化の割合は，グラフの x の値を1増やしたときの y の値の増え方，もしくは減り方のことですが，それは，グラフの形について示してくれているものと捉えることができると思います。少なくとも，直線か曲線かはすぐにわかると思います。
T	なるほど。では，これからも様々な関数に出会うと思いますが，変化の割合を使ってグラフを想像してみてください。また，グラフが先にわかるようでしたら，変化の割合についても一定かそうでないかは想像できますね。

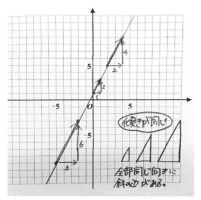

> **ポイント** 変化の割合を計算で出して傾きと一致するということだけでなく，グラフの形状と関連させるように促し，直線と曲線について，変化の割合を用いて実感できるようにすることが必要だと考えます。

〈参考文献〉
・根本博（1999）『中学校数学科 数学的活動と反省的経験』，東洋館出版社
・根本博（2014）『数学教育と人間の教育』，啓林館

17 どうして面積が大きくなるの？

関数

一次関数の利用

授業の概要

まず，問題(1)の図1の正方形を切り分けて並べ替える活動から授業を始め，並べ替えてできた四角形の中に面積が大きくなるものがあることに気づかせます。

次に，その謎を問題(2)に取り組むことで解明していくのですが，その際，式（連立方程式）や表（変化の割合），グラフ（傾き）を互いに関連させて得られた「直線にならない」という結論を本質的に用います。

問題

(1) 図1の図形を，1辺8cmの正方形とします。まず，この正方形をア・イ・ウ・エの部分に切り分けてください。次に，切り分けられたア・イ・ウ・エをそれぞれ並べ替えて別の四角形をつくってみてください。

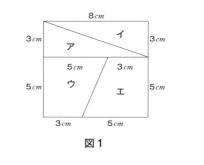

図1

(2) 2点A（2，1），B（10，4）を通る直線は，点C（15，6）を通るでしょうか（図2）。
予想してみてください。

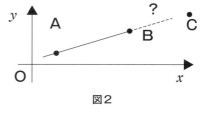

図2

授業のねらい

2点A（2, 1），B（10, 4）を通る直線の式を求め，その直線が点C（15, 6）を通るかどうかを検証する活動を通して，並べ替えると面積が変わる長方形の謎を解明することができるようにします。

生徒につかませたい数学の本質

問題(1)の図1の正方形を切り分けて並べ替えて図3のような長方形をつくると，正方形のときは$8(cm) \times 8(cm) = 64(cm^2)$であったものが，長方形では縦が5（$cm$）で，横の長さは$8+5=13$（$cm$）になるため，面積が65（$cm^2$）になってしまいます。

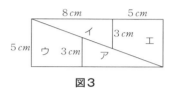

図3

この教材は，教科書でも扱われるほどよく知られたものですが，授業で取り扱うとき，生徒は長方形だけでなく，並べ替えて平行四辺形や台形もつくります。その中で，長方形だけ面積が大きくなるように見えるため，生徒はその不思議さに興味を抱きます。実際は，この長方形の対角線に見える箇所が直線ではないため，$1cm^2$分の隙間がそこに隠れているのです。本授業では，3点A，B，Cがこの対角線を対称に配置したものになっていますので，そこが「直線にはならない」ことを発見させることで，隙間の存在に気づかせるようにします。

知識及び技能	思考力，判断力，表現力等	学びに向かう力，人間性等
事象の中に，一次関数として捉えられるものがあることがわかる。	具体的な事象について，表・式・グラフを相互に関連づけて考察し説明する。	3点が直線上に並ばない結論を用いて増えた面積の謎を解明しようとする。

ユニバーサルデザインの授業づくりに向けて

生徒が手元で考えられるよう，図1の図形は一人一枚あるいはペアで一枚配付します。また，図形を切り分けることに手間取る生徒がいる場合，すでに切り分けられたものを準備しておきます。表・式・グラフについて考える場面では，班の中でそれぞれ担当を決めてペアで探究させるようにした後，班全体で根拠を示し合う過程を，時間を取って大切に扱うようにします。

学びの土台	学びの過程	学びの成果
●	●	

▍授業の実際

(1) **正方形を部分に分けて並べ替えて，別の四角形をつくる**

T 図1の正方形をア・イ・ウ・エの部分に切り分けて（図4），それぞれ並べ替えて別の四角形をつくってみてください。

S こうやってウ・エをア・イの上に動かしちゃダメなんですか？

S それだと，別の四角形になっていません。こういうふうに並べ替えれば別の四角形です（図5上）。

T これは，何という四角形なのでしょうか？

S 平行四辺形です。

S あまり変わらないんだけど，台形もつくれました（図5下）。

T 正方形，平行四辺形，台形，他にはありませんか？

S 長方形もあります（図3）。

T いろいろな四角形が出てきましたね。この中で，見た目でいいのですが，一番大きく見える四角形と一番小さく見える四角形はどれでしょう？
（生徒たちは，自分が思うところに挙手する）

T 平行四辺形が一番大きく，長方形が一番小さいと考える人が，比較的に多いようですね。念のため，面積を求めてみましょうか。

S でも，同じじゃなきゃおかしい。

T まぁ，念のためです。

S 正方形と平行四辺形は面積一緒です。

S 台形も同じです。

S 長方形はおかしくないですか？

T 何がおかしいのですか？

S 面積が$65cm^2$になってしまいます（図6）。

T 同じ四角形を並べ替えただけなのに，おかしいですね。では，今日はこの面積の秘密について考えていきたいと思います。

図4

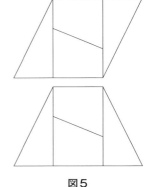

図5

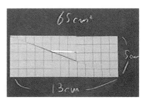

図6

ポイント 「別の四角形をつくる」ことを意識させると，いくつもの四角形が出てきます。それらについて「どれが大きく見えるか？」と問うことで，面積の話につなげやすくします。

(2) 3点A，B，Cが一直線上にあるか考える

T　まず，この座標上の点A，B，Cを見てください（図7）。この3点A，B，Cは一直線上にあるでしょうか？

S　ありそうにも見えます。ABを延ばしてくとCを通りそう。

T　でも，通るか通らないかは実際に確かめてみないとわかりませんよね。今，一次関数について学んでいますので，表・式・グラフを使って考えてみましょうか。

（班ごとに，表・式・グラフを使って考えてみる）

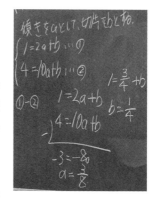

図7

T　それではですね，どのように考えたのかを，教えてください。

S　えっと，式は，まず（2，1）と（10，4）を通る直線を求めるために，この2点を連立させました（図8）。この連立方程式を解いて，$y = \frac{3}{8}x + \frac{1}{4}$になるので，これが（15，6）を通るのかを確かめました。

T　どうやって確かめたのですか？

S　xに15を代入して計算すると，yが$\frac{47}{8}$となって，でも約分しても6にならなくて，少し下を通るんです。

S　私は，表でやってみたんですけど，xが8増えるときにyは3増えるので，そうすると，AからBまでの変化の割合は$\frac{3}{8}$になって，BからCだと変化の割合は，xが5増えたとき，yは2増えるので，$\frac{2}{5}$になって$\frac{3}{8}$と同じじゃないから一直線にはならない。

S　グラフは，AとBの傾きと，BとCの傾きを調べてみました。AとBの傾きは$\frac{3}{8}$で，BとCの傾きは$\frac{2}{5}$になって，あとAとCも調べたんですけど，$\frac{5}{13}$になりました。この3つの傾きを調べて，どれも同じじゃないので一直線にはならないと思います。

図8

T　ではここから何がわかったんでしょう？

（四角形のパーツを裏返してグラフの上に貼る）

S　長方形の対角線に見えたところが，実は直線になっていなくて，ここが誤差っていうか，隙間がある（図9）。

S　その隙間，細い平行四辺形の形になっている。

図9

T　この平行四辺形の面積が，増えた$1\,cm^2$の正体だったんですね。

ポイント　3点の座標と長方形の「対角線に見える」箇所を，黒板上でぴったり一致するように事前につくっておくと，この活動と長方形の増えた面積の謎とがつながります。

〈参考文献〉
・相馬一彦ら（2011）『略案で創る 中学校新数学科の授業 第3巻 関数・資料の活用編』，明治図書

18 ハンドボール投げの記録を比較しよう

2年

データの活用

四分位範囲と箱ひげ図

■ 授業の概要

　クラスごとに分析したハンドボール投げの記録をもとに，他クラスとの共通点や相違点，学年全体の傾向について読み取ります。複数のヒストグラム同士の比較では，分布の傾向は読み取りづらいのですが，箱ひげ図を作成することで各クラスのデータの分布が比較できるようになります。ヒストグラムと箱ひげ図で読み取れる内容の共通点や相違点を明らかにするとともに，分布の傾向を比較して考察していきます。

■ 問題

> 　1年生では自分のクラスのハンドボール投げの記録をもとに，その特徴を分析しました。では，他クラスのデータと比較すると，自分のクラスはどのような特徴が見られるでしょうか。また，学年全体のデータと比較した場合はどうでしょうか。他のクラスや学年と比較して，特徴を明らかにしてみましょう。

■ 授業のねらい

　複数のデータの分布の傾向を比較するには，箱ひげ図が適しています。本授業では，複数のクラスのハンドボール投げのヒストグラムと箱ひげ図から読み取れる内容を比較することで，箱ひげ図のかき方やその特徴だけでなく，ヒストグラムと箱ひげ図，それぞれのグラフ表現の特徴を理解することをねらいとしています。

生徒につかませたい数学の本質

　ある一つのデータについて分布の傾向を読み取るには，その形状に着目して分布の傾向が把握しやすいためヒストグラムが適していますが，二つ以上のデータについてその分布の特徴を比較するには，箱ひげ図が適しています。箱ひげ図に表現することによって，各クラスのハンドボール投げの記録をもとにした複数のヒストグラムから読み取れる内容だけでなく，新たな傾向を読み取ることができたり視覚的にその特徴が浮き彫りになったりします。

　また，ヒストグラムと箱ひげ図それぞれから読み取れる特徴を考えることによって，二つのグラフ表現としての違いも明らかになります。例えば，箱ひげ図は単峰性と多峰性の区別がつきづらいなど，二つのグラフの特徴を把握したうえで目的に応じて使い分けられるようにしていきます。

知識及び技能	思考力，判断力，表現力等	学びに向かう力，人間性等
代表値を再整理し，箱ひげ図に表したデータの傾向を読み取ることができる。	ヒストグラムと箱ひげ図の比較を通して，分布の傾向を読み取る。	複数のデータに対して，適切なグラフを用いて分析し，日常生活に活用しようとする。

ユニバーサルデザインの授業づくりに向けて

　データの分布から情報を読み取るためには，まず，データが集中する中心的傾向を示す値を捉え，その中心から見てどの範囲に過半数のデータが入っているのかというデータの傾向を読み取ることが大切になりますが，そのデータの中心となる集団から外れた少数のデータを特定することも大切です。それらを捉えるため，データのばらつきの様子を表す四分位数と最大値，最小値という5つの数字をもとにグラフにしたものが箱ひげ図になります。

　本授業では，学びの過程において，クラスごとに分析したハンドボール投げの記録を箱ひげ図で比較することで，データの特徴を捉えたり，ヒストグラムや箱ひげ図から読み取れる特徴について考察させたりしています。箱ひげ図をかくソフトや電子教科書にもその機能がついているものもありますので，箱ひげ図のかき方や特徴などの知識や技能にとどまらず，それを活用してデータの中心となる傾向やそこから離れたデータの意味などを考察させたり，分析させたりする力を身につけることまでを見据えた，学びの成果につなげたいところです。

学びの土台	学びの過程	学びの成果
	●	●

授業の実際

(1) 各クラスのヒストグラムをもとにして，その特徴を比較する

　各クラスのヒストグラムから，その特徴を比較します。各クラスの特徴は，ヒストグラムをもとに読み取ることができますが，クラス同士の比較や学年全体の傾向を読み取る場合には，難しい面も出てくることに気づかせます。

- T　各クラスのヒストグラムをもとに，その特徴を分析してみましょう
- S　2組は29m以上の人数が最も多いけど，4組は全体的に同じくらい。
- T　各クラス個別の特徴も読み取れるけれど，クラス同士や学年全体の特徴についてはどんなことがわかるかな？
- S　ヒストグラムの形が一つの山のクラスもあるし，二つの山のクラスもある。
- S　ヒストグラムの階級の幅を変えたら，異なる特徴が出てくる場合がある。
- S　学年と比べて，遠くまで飛ばしている人が多い。
- S　学年の累積相対度数のグラフと，自分のクラスの累積相対度数のグラフで比較することもできるかもしれない。でもそれぞれのクラスでやると大変だし，グラフが見にくいかも。

> **ポイント**　各クラスの特徴を分析するとともに，クラス同士や学年全体の比較を促す発問をすることによって，着目点を分布の比較に焦点化させます。その際，ヒストグラムだけでは特徴づけが困難な場面もあることを理解します。

(2) 各クラスの箱ひげ図をもとにして，その特徴を比較する

　箱ひげ図に表すことによって，ヒストグラムから得られた特徴が視覚的にわかりやすくなる場合があります。また，中央値や四分位範囲の比較など，箱ひげ図から新たな特徴が読み取れることがあることにも気づかせたいところです。

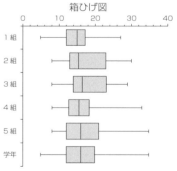

- T　各クラスのデータを箱ひげ図で表しました。箱ひげ図から読み取れる特徴はありますか？
- S　2組は範囲が広い。
- T　ヒストグラムからも読み取れた内容ですが，箱ひげ図によって視覚的にわかりやすくなりました。他にはどんな特徴がありますか？
- S　4組は箱が小さいから，記録が近い値に集まっていることがわかります。
- S　どのクラスも中央値が同じでおもしろい。
- T　中央値や四分位範囲に着目したからこそ，分析できた内容ですね。

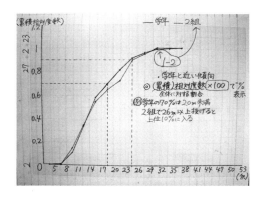
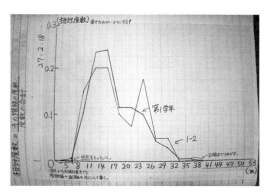

> **ポイント** 箱ひげ図をもとにクラス同士や学年全体の特徴を比較させるとともに，箱ひげ図だからこそ読み取れた特徴に着目できるようにし，ヒストグラムとの違いを明らかにさせます。

(3) ヒストグラムと箱ひげ図で読み取れる特徴について理解する

　箱ひげ図は，複数のデータの分布の比較には向いているものの，ヒストグラムに表れていた単峰性と多峰性の区別はつきにくいです。このような区別はヒストグラムで行えばよく，データに対してどのような傾向を特徴づけるかによって，グラフ表現を適切に選択できるようにします。必要に応じて，両者を合わせて用いればよいことを理解できるようにします。

T　ヒストグラムからわかる特徴と箱ひげ図からわかる特徴には何か違いがあるでしょうか？
S　5クラスの特徴を比較するには，箱ひげ図の方がわかりやすい。
T　ヒストグラムだと複数のクラスの分析が難しいですか？
S　一つずつグラフをかくのは，ヒストグラムも箱ひげ図も一緒だけど，箱ひげ図の方が横に並べてかけるから見やすい。
S　最大値と最小値に加えて，四分位範囲も箱ひげ図にはあるから，ヒストグラムとは違った特徴がわかる可能性がある。
T　ヒストグラムの方はどうかな？
S　ヒストグラムで二つの山に分かれているのは，おそらく男女の差だと思うけれど，箱ひげ図では男女差のような二つの山の分析はできなさそう。

> **ポイント** ヒストグラムと箱ひげ図のグラフからわかる特徴を明らかにさせるだけでなく，二つのグラフ表現の比較を通して，ヒストグラムと箱ひげ図から読み取れる情報の違いに着目させます。

19 データの活用

いろいろな確率

くじを引く順番は関係あるのかな？

授業の概要

　身近な事象であるくじ引きを題材に，くじを引く順番によってあたりやすさが変わるかどうかを判断できるようにします。その際，数学的な表現を用いて，説明したり伝えたりする機会を設定します。
　くじ引きの公平性を判断する活動を通して，どのように考えたのかという生徒の思考過程を共有することによって，確率のよさの感得につなげるとともに，日常的な事象を数学として捉えて問題解決に生かそうとする態度を育成できるようにします。

問題

> 　5本のうち，あたりが2本入っているくじがあります。このくじを，A，Bの2人がこの順に1本ずつ引きます。引いたくじはもとに戻しません。
> 　先に引くAと後に引くBとでは，どちらがあたりやすいでしょうか。

授業のねらい

　学校生活の中で，くじを引いたりして役割を分担する場面などがあります。これはくじ引きが公平であるという前提のもとで行われていますが，引く順番によってあたりやすさが異なると考えている生徒もいると考えられます。
　本授業では，くじを引く順序が先でも後でもあたりやすさが同じであることを，確率を使って判断することをねらいとしています。

生徒につかませたい数学の本質

　くじを引く順番によって，あたりやすさが変わるかどうかという問題ですが，大切な視点の一つとして「くじを引く順番によって，くじの中身が変わる」ということが挙げられます。引いたくじをもとに戻す場合では，くじの中身は先に引く場合も後に引く場合も変わらないので，あたりやすさも変わらないことがすぐにわかります。この問題では，引いたくじをもとに戻さないということによって，先にあたりを引いてしまう場合と先にはずれを引いてしまう場合で残りのくじのあたりの本数が変わってしまいます。くじを引く順番によって中身が変わる可能性があるからこそ，あたりやすさも変わる可能性があるという問題が生まれます。

　授業では，くじの中身の変化にとらわれることなく，すべての場合をかきだすといった既習事項にかかわる生徒の思考過程を顕在化させ，共有します。このように，身近な題材を用いて数学的な本質に迫る場面を設定することによって，問題解決過程の質的な高まりが期待できます。

知識及び技能	思考力，判断力，表現力等	学びに向かう力，人間性等
起こりうるすべての場合を樹形図に表し，確率を求めることができる。	起こりうるすべての場合を表や樹形図に表し，確率を求める方法を考えたり，表現したりする。	確率の考えや確率を用いた判断を，日常生活に活用しようとする。

ユニバーサルデザインの授業づくりに向けて

　生徒は小学校6年で，起こり得る場合を順序よく整理して調べたり，落ちや重なりなく調べる方法を考察したりするために，図や表などに整理することを学んできています。中学校では，それらの学びを踏まえ，起こり得るすべての場合を簡単に求めるために，樹形図で考えることを学び，場合の数をもとにして得られる確率の求め方について考察したり表現したりします。その実感は，高校の順列や組合せの学びにもつながるため，丁寧に扱いたいところです。

　本授業では，学びの過程としてくじ引きの公平性を判断する活動を扱い，くじを引く順序が先でも後でもあたりやすさが同じであるという学びの成果につなげています。また，その前提として「くじを先に引いた人がその結果を明らか」にするかどうかも確認したいところです。

学びの土台	学びの過程	学びの成果
	●	●

授業の実際

(1) くじをもとに戻す場合と比較し，問題場面を理解する

　くじの中身が変わる理由は，引いたくじをもとに戻さないからです。くじをもとに戻す場合と比較する場面を設定し，くじの中身が変化する場合において，あたりやすさが同じかどうかについて問題になっていることを理解できるようにします。

T　2人にこれからくじを引いてもらいます。5本のうち2本があたりくじで，引いたくじはもとに戻します。先に引きたいですか，それとも後に引きたいですか？

S　どっちでもいいです。

T　どうして，どちらでもいいのですか？

S　先に引いても，後に引いても5本のくじのうちあたりが2本なので，あたる確率は同じになるからです。

T　なるほど。では，引いたくじをもとに戻さないことにします。先に引きたいですか，後に引きたいですか？

S　どちらでもいいです。

S　少し考えさせてください。

T　考えさせてくださいというのは？

S　あたる確率が変わるかもしれないので，考える時間をください。

> **ポイント**　引いたくじをもとに戻す場合は，すぐにわかります。引いたくじをもとに戻さないときは，先に引く場合と後に引く場合であたりやすさに違いがあるかどうかを問います。場面理解のために，実際にくじ引きを用意するのも一つの方法です。

(2) 自力解決と表や樹形図による解決の比較検討をする

　くじの中身が変化する場合を考察する過程で，後から引く場合に，先に引く人の結果によってあたりやすさが変わるのではないかといった条件つき確率を求める生徒もいます。樹形図のようにすべての場合をかきだす考えと比較することを通して，条件つき確率の考えだとすべての場合を数え上げていないことに気づけるようにします。

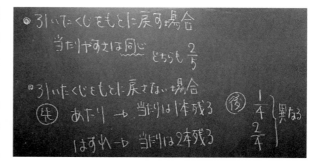

T　先に引く場合と後に引く場合では，あたりやすさに違いがあるのでしょうか？

S 先に引く人があたりを引く確率は$\frac{2}{5}$です。

S 先に引く人があたりを引いてしまったら，後に引く人があたりを引く確率は$\frac{1}{4}$です。先に引く人がはずれを引いてしまったら，後に引く人があたりを引く確率は$\frac{2}{4}$です。

T あたりやすさが変わってしまいそうですね。他の考えはありますか？
S 本当に確率が変わってしまうのかどうか，樹形図をかけばいいと思います。
T どうして樹形図をかくといいと思ったのかな？
S 樹形図をかくと全部の場合が数えられて見やすいし，後にくじを引く人のあたりやすさが変わってしまう場合の確認もできそうだからです。
T では，樹形図をかいてみましょう。

ポイント 先に引く人の結果によって，後に引く人の確率が変わるという考え方に対して既習の方法で説明できないかどうかを問うことで，樹形図や表などすべての場合をかきだして確認できるようにします。

(3) 樹形図を使った考えを確認し，探求する

　条件つき確率の考えでは，一部の場合のみを考えていて，すべての場合を考えていなかったことについて樹形図をかいて確認します。また，確率の結果から事象を再確認し，条件を変えるなどして，他の場面にも適用できるようにします。

T 樹形図を使ってすべての場合をかきだしました。何かわかることはありますか？
S あたりやすさは変わらない。
T あたりやすさが変わるかもしれないという考え方もあったけど，どうでしょう？
S あたりやすさが変わる場合は，樹形図の一部分だけを別々に数えていたことになります。全体の確率は樹形図からわかります。
S 樹形図をかかないと，全部の場合は確かめられないことがわかります。
T 樹形図で考えることのよさがわかりましたね。では，あたりくじが１本の場合はどうでしょうか？　くじを引く人が３人や４人に増えたらどうなるでしょうか？　考えてみましょう。

20 石飛びゲームの最小手数の秘密

数と式

式の計算

授業の概要

下の問題に示した①〜④のルールで，●と○の位置を入れ替える「石飛びゲーム」の石を動かす回数について考えることを通して，その回数が，最初に並べた●（あるいは○）の数を n としたとき，n^2+2n と表せることを見いだし，なぜそのような二次式で表されるのかについて考えていきます。

問題

次のルールで，●や○を動かしていきます。
① ●や○を１回動かすごとに「１手」と数えます。
② ●や○は隣に空マスがあるとき，そこに動かすことができます。
③ ●は右方向（→），○は左方向（←）にだけ動かすことができます。
④ ●の右隣に○（○の左隣に●）が１つあり，進行方向側の１つ隣が空いているとき，●は○を（○は●を）１つだけ飛び越えることができます。
（２つ以上並んだ●や○を一度に飛び越えることはできません）

最初，上のように●が２つ，○が２つ並び，その間が１マス空いています。これを①〜④のルールにしたがって，下のように移すときの「手数」を考えてみましょう。

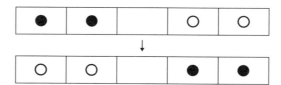

授業のねらい

マス目の上に置いた●と○の位置を入れ替える手数について，具体的な操作をし，観察する中で規則性を見つけだすことを通して，その規則性を文字を用いて表したり，その文字式がなぜ成り立つかを自分なりに説明したりさせます。

生徒につかませたい数学の本質

●（あるいは○）の数を1，2，3，…，と増やしていくと，ルールをクリアしたときのそれぞれの手数が3，8，15，…，となり，帰納的観察から●（あるいは○）の数をnとしたときの手数が「n^2+2n」と表せるのではないかという規則性が見えてきます。しかし，なぜ「n^2+2n」になるのかを考えることは容易ではありません。ただし，●や○がそれぞれどの位置まで移動しているのか，あるいは，●が○（○が●）と隣り合ったときに1つ飛び越えることで，1マス分得な動きをすることが観察から見えてくると，それぞれの動きを文字を用いて表すことができるようになってきます。

こうした離散的な問題について，文字を用いてその根拠を明らかにする活動を通して，変数間の関係や構造をつかませたいものです。

知識及び技能	思考力，判断力，表現力等	学びに向かう力，人間性等
単項式と多項式の乗法の計算ができる。	文字を用いた式で数量及び数量の関係を捉え説明する。	帰納的観察から規則性を見つけようとする。

ユニバーサルデザインの授業づくりに向けて

学びの土台として，2～3人に1セットずつオセロやおはじきなどを準備し，などの簡単な場合から具体的に考えることができるようにします。また，複数人で動きを確認しつつ，●や○の動きをワークシートに記録できるようにしておきます。学びの過程としては，まず，帰納的観察から規則性を見いだし，そこから「n^2+2n」と表せるのではないか，という仮説を導きます。次に，後半では，その仮説がなぜ成り立つのかについて考察するなど，問題解決の過程を共有できるよう，授業を前半と後半の二段階でデザインしていきます。

学びの土台	学びの過程	学びの成果
●	●	

授業の実際

(1) 「石飛びゲーム」のルールを確認する

T 今日は「石飛びゲーム」について学んでいきます。まず手始めに，問題で提示したルールで，●と○が1つずつの場合の最小手数を考えてみたいと思います。

S ●と○が1つずつの場合，次のように考えて，手数は「3」だと思います。

T ●と○が2つずつの場合はどうでしょうか？

（時間を与え，2～3人1組で相談しながら，手元のマス目で最小手数を考える）

S 最小手数は「8」だと思います。

T どのような手順になったのか，黒板のマス目で示してもらえますか？

S このようになりました。

T 確かに最小手数は「8」になりますね。これは●から動かし始めても同じです。

> **ポイント** 生徒2～3人の1つの組に対して，マス目とオセロを1セットずつ配付し，相談しながら試行錯誤したり観察したりできるようにします。

(2) 観察からどのような規則が見いだされるか考察する

T ●と○がそれぞれ1つ，2つ，3つの場合について考えてみました。では，4つの場合の手数はいくつになりそうでしょうか？

S 「24」じゃないかな？

T どうして「24」だと考えたのですか？

S 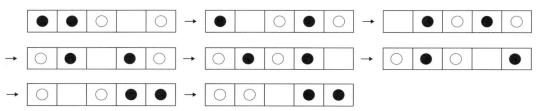 と考えました。

S 私も，表をつくって手数同士の差をとって考えたら同じになりました。

T　確かに，4つの場合は「24」になります。実は，●と○がそれぞれ100ずつの場合，手数は「10200」になります。どうやって求めたのでしょう？

S　差を足していくのは大変そう…。

S　表を見ていて気づいたのですが，$3=1\times 3$，$8=2\times 4$，$15=3\times 5$，$24=4\times 6$，…，となっていて，●と○が100ずつの場合は，$100\times 102=10200$ ということですか？

T　どのような規則を見つけたのでしょう。例えば，●と○が n ずつならどうなりますか？

S　●と○が n ずつなら，$n\times (n+2)$ なので，になります。

> **ポイント**　●と○が4つずつの場合の手数が「24」になることを検証してもよいのですが，やはり時間がかかりますので，ここはあえて規則性に目を向けさせるようにします。

(3) なぜ $n\times(n+2)$ になるのかを考える

T　どうして，●と○が n ずつのとき，$n\times(n+2)$ になるのでしょうか？
（時間を与え，2〜3人1組で相談しながら，その理由を考える）

S　●と○が n ずつのとき，例えば，●がルールをクリアした位置に移動するためには，絶対に $(n+1)$ マスは動きます。他の●や○でも同じく，それぞれ $(n+1)$ マス動きます。

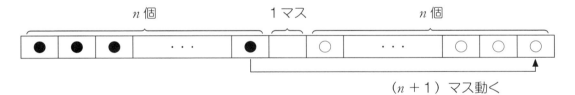

　●と○は，それぞれ n 個ずつあるから，「$n\times(n+1)+n\times(n+1)$」手になります。

T　それだと，$2n\times(n+1)$ で，$n\times(n+2)$ にはなりませんよ。

S　石飛び（●が○を，あるいは○が●を飛び越える動き）で1手縮まるから，それがそれぞれの n 個ずつの石が出会ったときに $n\times n$ 回起きるので，それを引けばいいんじゃないの？

S　そっか。$2n\times(n+1)-n\times n$ だと，$2n^2+2n-n^2$ になるから，できそう。計算して，n^2+2n になるから，因数分解して $n\times(n+2)$ になりました！

T　確かに，$n\times(n+2)$ になることが確かめられましたね。

〈参考文献〉
・清水静海ら（2010）『中学校新数学科 数学的活動の実現 第3学年編』，明治図書

21 平方根で表される数の特徴を考えよう

3年 数と式 — 平方根

授業の概要

2つの整数の比で表される有理数では，分子と分母の公約数は必ず存在する（少なくとも1は公約数）が，平方根を用いて表されるような無理数では，分子と分母に公約数（共通因数）は存在しないことを利用して，無理数は，有理数とは異なる性質をもつ数なのだということについて操作的に理解させます。

問題

5 : 8長方形から，短辺を一辺とする正方形を取り除いていくと，図1のようになり，4種類の正方形で埋め尽くすことができます。連分数表現では有限個の項で表せることに対応し，この操作は，すべての整数比で表される長方形で可能です。一方，短辺と長辺の比が無理数比となる1 : $\sqrt{2}$の長方形では，取り尽くしていく過程で現れる長方形が直前の長方形と相似になってしまい（図2），有限回では取り尽くせず，連分数表現では有限個の項では表せないことと対応します。
　以上から，有理数と無理数の違いを視覚的に確認しましょう。

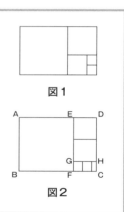

図1

図2

授業のねらい

中学生にとって，代数は他の領域よりも抽象的と理解されやすい傾向にあります。具体的な操作とそれに対応する式変形操作とにより，自らが行っている行為を実感させ，確かにそうだという感覚を植えつけつつ，有理数と無理数の違いについて理解させます。

生徒につかませたい数学の本質

　πは無理数であり，面積が2の正方形の一辺の長さは有理数ではないということは学習しますが，このことについて生徒が実感を伴って理解しているかと問えば，実状はなかなか厳しいものがあります。同様に，背理法による証明で$\sqrt{2}$が有理数ではないことは学習しますが，中学生にとって式の上で論理的矛盾を確認できたとしても，それが実感を伴った確認といえるかと問われれば，実態はそのようにはなっていないといわざるを得ません。

　そこで有理数と無理数が異なる性質をもっていることを，具体物に対する操作を通して確認し，そのことを論証により確かにそうだと納得させたいところです。整数比の長方形と$1：\sqrt{2}$のコピー用紙を用いて，それぞれの長方形から短辺を一辺とする正方形を取り尽くさせ，整数比の長方形は必ず取り尽くせるが，無理数比の長方形は取り尽くせない状況をつくり出し，無理数が有理数とは異なる性質をもつ数であることを理解させます。

知識及び技能	思考力，判断力，表現力等	学びに向かう力，人間性等
連分数表現や分母が2項の分数式の有理化について知るとともに，有理数と無理数の違いがわかる。	操作と式変形を対応させながら，事象を分析したり，式の状態から，無限に繰り返されることを推論したりする。	操作活動や，式を変形する活動を振り返ることで，活動の中にひそむ数学的な事実を理解しようとする。

ユニバーサルデザインの授業づくりに向けて

　学びの土台では，「$\div \dfrac{a}{b}$」（$=\dfrac{1}{\frac{b}{a}}$）が「$\times \dfrac{b}{a}$」になることから考えさせるなど，まずは既習から捉えさせるようにします。また，方眼紙で作成した$5\,\text{cm} \times 8\,\text{cm}$の長方形を生徒に配付し，手元で確かめられるようにします。そして学びの過程では，図1のように短辺を一辺とする正方形を取り除いていく操作と，$\dfrac{5}{8}$を連分数に変形していく過程を対応させながら観察させていきます。次に，コピー用紙をもとに$1：\sqrt{2}$の長方形について考えていきますが，$\dfrac{1}{\sqrt{2}-1}$の分母の有理化については，それが出てきた段階で確認してもよいかもしれません。

学びの土台	学びの過程	学びの成果
●	●	

■ 授業の実際

(1) 本時の学習で必要な事項を確認する

まず，分数の連分数変形 $\dfrac{A}{B}=\dfrac{1}{\frac{B}{A}}$ と，$\dfrac{1}{\sqrt{2}-1}$ の分母の有理化について確認します。

(2) 分数の連分数化と長方形の面積の関係について理解する（長方形の連分数分割）

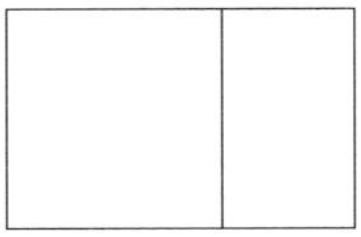

T　分数で表される数と長方形に対応させます。例えば $\dfrac{5}{8}$ は，縦：横の比が5：8の長方形と対応させます（図3）。式に対しては，常に分子を1にしていくように連分数の変形を行い，これを図に次のように対応させます。図1の長方形から，一辺5の正方形を1つ取ると，3：5の長方形が残ります。この操作を右の式に対応させます。

図3

$$\dfrac{5}{8}=\dfrac{1}{\frac{8}{5}}=\dfrac{1}{1+\frac{3}{5}}$$

次に，$\dfrac{1}{1+\frac{3}{5}}=\dfrac{1}{1+\frac{1}{\frac{5}{3}}}=\dfrac{1}{1+\frac{1}{1+\frac{2}{3}}}$ と変形します。この操作を繰り返し，すべての分数の分子が1となったら操作は終了です（図4）。

式変形の結果は，

$$\dfrac{1}{1+\dfrac{1}{1+\dfrac{2}{3}}}=\dfrac{1}{1+\dfrac{1}{1+\dfrac{1}{\frac{3}{2}}}}=\dfrac{1}{1+\dfrac{1}{1+\dfrac{1}{1+\dfrac{1}{2}}}}$$

です。

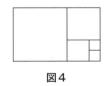

図4

この式変形と図形の操作は，どんな有理数でも成立します。なぜだと思いますか？

S1　有理数って2つの整数の組で表されます。2つの整数には，必ず公約数が存在します。4と8なら公約数は1，2，4だし，5と8なら1が公約数です。

S2　だから，最後は一辺が1の正方形になるのか。

S3　わかった。整数の比をもつ長方形って，必ず一辺が1の正方形に分けることができるわ。5：8なら40個の正方形になる（図5）。

T　どんな有理数でも，最後は必ず一辺が1の正方形になります。

図5

> **ポイント**　数と図形の対応関係を定めることで，数を視覚的に捉えられるようにします。

(3) $\sqrt{2}$：1の長方形に対する連分数分割を行う

T　同じ操作と式変形を1：$\sqrt{2}$ のコピー用紙に対して行います。まず，用紙の中に，短い辺を一辺とする正方形を1つかいてください。

S1　2回目では，正方形が2つ取れたけれどいいのかな（図6）？

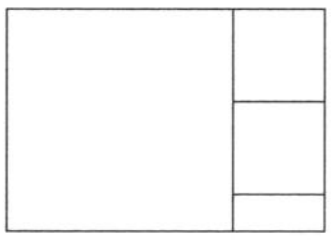

図6

T　式はどのように変形できましたか？
S2　1つ目の正方形を取ったときの式って、どう書くんだろう？
S3　正方形が1つはあるのだから分母は、1＋( )の形だと思います。すると括弧の中は、$\sqrt{2}-1$ かしら。
T　はい、そうなります。すると次はどうしたらいい？

$$\frac{1}{\sqrt{2}} = \frac{1}{1+(\sqrt{2}-1)}$$

S3　連分数にしていくので、…、あれっ、この先どうしたらいいのかしら。

$$\frac{1}{\sqrt{2}} = \frac{1}{1+(\sqrt{2}-1)} = \frac{1}{1+\dfrac{1}{\dfrac{1}{\sqrt{2}-1}}}$$

T　分母の有理化をしてください。
S3　そうか、…。こんな式になりました。
S1　確かに、正方形は2個取れていいんだ。
T　操作をどんどん続けていきましょう。
S1　また、2個正方形が取れそうだね（図7）。
S3　何か、変な気がするんだけれど。
S4　あれっ、同じ式が出てくる。

図7

$$\frac{1}{1+\dfrac{1}{\dfrac{1}{\sqrt{2}-1}}} = \frac{1}{1+\boxed{\dfrac{1}{\sqrt{2}+1}}} = \frac{1}{1+\dfrac{1}{2+(\sqrt{2}-1)}} = \frac{1}{1+\dfrac{1}{2+\dfrac{1}{\dfrac{1}{\sqrt{2}-1}}}} = \frac{1}{1+\dfrac{1}{2+\boxed{\dfrac{1}{\sqrt{2}+1}}}}$$

S3　これって、無限に続くっていうこと？
S4　確かに無限に続きそうだ。四角形 DEFC ∽ 四角形 GFCH になる。短い辺と長い辺の比を計算すると、四角形 EFCD は（$\sqrt{2}-1$）：1 で、四角形 GFCH は（$3-2\sqrt{2}$）：（$\sqrt{2}-1$）＝（$\sqrt{2}-1$）：1で同じ比になっている。だから、この操作を続けても合同な長方形が出てきて永遠に終わらない（図8）。

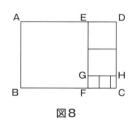

図8

T　5：8のときと、何が違うかまとめてみましょう。
S1　有理数の場合は、はじめの長方形は、最後は必ず正方形でちょうど敷き詰められる。
S2　正方形の数は、大きさはいろいろあっても、数えられるので有限個だ。だけど、無理数では、正方形はいくらでもつくれてしまって、そもそも作業自体がずっと終わらない。
S3　連分数で表したときの項の数も、有理数は有限だけれど、無理数は無限になってしまう。
S4　$\sqrt{2}$ は連分数で表すと、小数のときと違って、1の後は2がずっと続いていくんだね。

ポイント　図形に対する操作と式に対する操作（式変形）を対応させることで、自ら対応づけながら操作を行い、有理数と無理数の違いを確認させます。

22 連続する整数の不思議

数と式 / 二次方程式

授業の概要

　本授業は，授業 UD の提案として公立の中学校で行った授業がもとになっています。また，用いた題材も 3 年の教科書などにも載っているような，あまり特別ではない教材です。ただ，3 年になると，身近な題材ではなかったとしても，こうした数のもつ不思議さについて好奇心をもちながら，数学を用いて考えられるようになります。

　授業では，連続する整数についての「等しくなる関係」について考える中で出てきた問題について，既習である二次方程式を用いて解決しようとする姿が見られます。また，生徒たちは，二次方程式を本質的に用いる中で，なぜその場合しか成り立たないのかについても考えていきます。

問題

　連続する整数について，それぞれの数を二乗したときの「等しい関係」について考えたいと思います。

【図 1 の場合】
　$\bigcirc^2+\bigcirc^2=\bigcirc^2$ が成り立つような，それぞれの数について考えてみましょう。

【図 2 の場合】
　$\bigcirc^2+\bigcirc^2+\bigcirc^2=\bigcirc^2+\bigcirc^2$ が成り立つような，それぞれの数について考えてみましょう。

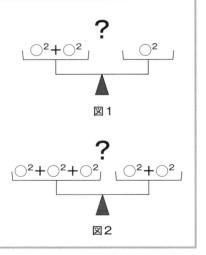

図 1

図 2

授業のねらい

生徒が連続する整数の和や，それぞれを二乗した場合の和について「等しくなる関係」を考える場面で，二次方程式を用いて考えることを通して，等式を成り立たせる数を求めたり，等式が成り立つ場合が2通りしかない根拠を示したりさせます。

生徒につかませたい数学の本質

二次方程式には根が2つありますので，生徒にとって，1年や2年で学んだ方程式と異なります。また，その解は二次方程式を満たすものですから，本授業ではそれらは一致します。条件に合った二次方程式を立式したとき，その解が2つあるということは，本授業においては，「条件を満たす解をすべて求める」と「条件を満たす解はそれしか存在しない」という2つの意味で用いられます。もちろん，教師としては，その「2通りしかない」ことを想定して授業を行うのですが，例えば，「数は左から右に向けて大きくなる」というように大小関係を最初に定義しておかないと，$○^2+○^2=○^2$ を「右から左に向けて大きくなる」と考え，$(-3)^2+(-4)^2=(-5)^2$ などのように考えて「4通りある」と答える生徒もいます。

知識及び技能	思考力，判断力，表現力等	学びに向かう力，人間性等
二次方程式の意味とその解の意味を理解する。因数分解によって二次方程式を解くことができる。	二次方程式を，具体的な場面で適切に文字を置いて表現する。	二次方程式を問題解決に活用しようとしたり，問題解決する過程を振り返り解の意味を考えようとしたりする。

ユニバーサルデザインの授業づくりに向けて

学びの土台として，計算に時間がかかる生徒には，電卓の使用を認めるようにしてください。また，学びの成果に向けて，二次方程式を因数分解で解く過程については，未知数を左端や真ん中に置く場合が考えられますので，それぞれについて黒板で生徒が説明することで，共有できるようにすることが大切です。「4通りある」と考える生徒には，$(-1)^2+0^2=1^2$ と $1^2+0^2=(-1)^2$ のような場合があることを，具体的に数字で確かめるようにします。

学びの土台	学びの過程	学びの成果
●		●

授業の実際

(1) 連続する3つの整数について大小関係を考える

T　1＋2＝3ですが，4＋5＋6はいくつですか？
S　15じゃないんですか？
T　では，連続する2つの整数で，和が15になるものはありますか？
S　足して15だから…，7＋8です。
T　実は，9＋10＋11＋12と13＋14＋15はともに42なので，右のような関係が成り立ちます。このように連続する整数には，不思議な関係が隠れています。1＋2＝3ですが，$1^2＋2^2$と3^2はどちらが大きい？

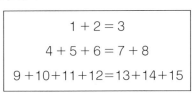

S　$1^2＋2^2$は5で，3^2は9なので，3^2の方が大きくなります（図3）。
T　では，3＋4＞5なのですが，同じようにそれぞれの数を二乗すると，大小関係はどうなりますか？
S　どちらも25で等しくなります。

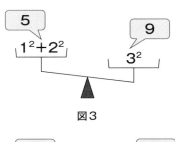

図3

T　連続する整数で，それぞれの数を二乗したときに等しくなる場合もあるんですね。このように連続する整数で，それぞれの数を二乗したときに左辺と右辺が等しくなるようなものは，他にはないのでしょうか（図5）？
S　他にもあるんじゃないですか？
T　わからない数があったとき，皆さんなら何を使って考えますか？

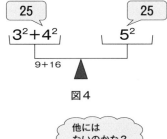

図4

S　xに決まっているじゃないですか。
T　では，xをどこにおきますか？
S　とりあえず，一番左にします。
T　そのとき，あとの2つはどのように表されますか？
S　真ん中はxに1増えたので$x＋1$になって，一番右は2増えるから$x＋2$です。
　　$(x)^2＋(x＋1)^2＝(x＋2)^2$

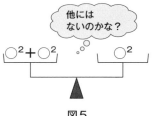

図5

T　二次方程式になるのですね。では，この方程式を解いてxを求めてみましょう。

ポイント　教室にモニターやプロジェクターなどがある場合，プレゼンテーションソフトを用いて「釣り合う関係」を提示すると，「等しい関係」が考えやすくなります。

(2) 等式が成り立つ場合が他にはないことの根拠を示す

S　方程式を解くと，$x=3$ と $x=-1$ になります。だから，ええと…。
　　$x=3$ は，3が左だから，$3^2+4^2=5^2$ のことで，$x=-1$ はどうなんだろ…。

S　連続する整数は，-1，0，1になるから，$(-1)^2+0^2=1^2$ なんじゃないの？

T　確かに，このときも成り立ちますね。でも，先ほど，「連続する整数」といったとき，負の数も想像した人はいますか？

S　正の数しか考えていませんでした…。

T　でも，「整数」には負の数も含まれますよね。では，今度は連続する5つの整数で考えてみましょうか（図2）。

S　それなら，計算しなくてもできますよ。

T　どうやって考えたのですか？

S　さっきの，-1，0，1をヒントにして，-2，-1，0，1，2と考えてみました。
　　$(-2)^2+(-1)^2+0^2=1^2+2^2$

T　確かに，成り立っていますね。他にはないのでしょうか（図6）？

S　さっきと同じように，二次方程式にすればいいんですよね。

S　今度は，真ん中を x にして考えたんですけど…
　　$(x-2)^2+(x-1)^2+(x)^2=(x+1)^2+(x+2)^2$
　　展開して左辺にまとめて因数分解すると $x(x-12)=0$ なので，x は0と12になります。

S　真ん中が0のやつはさっきのだから，$x=12$ のとき，10，11，12，13，14となって，$10^2+11^2+12^2=13^2+14^2$ も成り立ちます。

T　もうそれしかありませんか？

S　そっか，わかった。この2つしかない。

T　何がわかったのですか？

S　この条件に合うように二次方程式をつくって，それで二次方程式の解は2つしかないんだから，これしかないですよね。

T　すごいですね！　この連続する整数の不思議を，二次方程式を活用して解明できました。

> **ポイント**　「まだ他にあるのか？」と「もう他にはないのか？」という2つの問いを明確にし，それらを二次方程式で解決することで，その有用性を意識できるようにします。

〈参考文献〉
・北島茂樹（2016）「『全員参加』の数学授業に向けて」『授業力＆学級経営力』2016年2月号，明治図書，pp.54-57

23

3年

図形

相似な図形

身近に見つかる相似の性質

▍授業の概要

　相似の中心と2つの相似な図形の対応する点の位置関係を確認したのち，相似な位置関係にある2つの相似な三角形があるとき，対応する2点を結んだ直線の交点を，他の対応する2点でつくられる直線も通ることを演繹により確認します。その後，縮小写像の原理における不動点と相似の中心との関係を確認し，日常事象との関連について学びます。

▍問題

(1) 2つの相似な図形（ここでは三角形）が相似の位置に置かれているとき，相似の中心と2つの相似な図形の対応する点の位置関係はどのようになっていますか。

(2) 相似な位置関係にある2つの相似な三角形があるとき，対応する2点を結んだ直線の交点を，他の対応する2点でつくられる直線も通ることは，どのように証明することができますか。

(3) 大きさの異なる2つの同じ場所を示した地図を重ねたとき，上下の地図で，1か所だけ同じ場所が重なった場所があります。これを，点を写すという操作によって探しましょう。また，その点は，重なった2つの地図とどういう関係にありますか。

▍授業のねらい

　教科書ではよく，相似の中心は，相似な2つの図形の対応する点を結ぶ直線が1点で交わる点として説明されています。これを，既習によって証明すると同時に，相似の中心が日常事象ではどのような場面で現れるかを理解させます。

生徒につかませたい数学の本質

　縮尺が異なる同じ地点の地図を，小さい方が大きい方からはみ出さないように適当に2枚重ねると，上下の地図上で，たった1点だけが同じ地点同士で重なる事実は，一聴しただけではにわかに信じられないような不思議な性質です。本授業では，既習の相似の中心の概念と対比させたいために，2つの地図の外枠が平行になるように置いて議論していますが，本来は平行である必要はありません。上下の地図が重なる点を不動点といい，このことは一般的には縮小写像の原理によって説明されますが，そのような数学の高度な考えを，「長方形の相似な図形を対応する辺が平行であるように置く」というように条件を限定することにより，相似を学習した中学生であれば，既習によって説明することが可能となります。

　身近な生活の中につくりだすことのできる不思議な事実に対して，たとえ中学校段階とはいえ，学んだ数学を用いて考察に取り組み，納得できる結論を得るという経験は，数学を学習させるうえで極めて重要であるといえます。

知識及び技能	思考力，判断力，表現力等	学びに向かう力，人間性等
2つの相似な図形について，相似な位置と相似の中心がわかり，日常事象における相似の位置と相似の中心がわかる。	相似な位置にある2つの三角形と相似の中心の性質について論証したり，日常事象と相似の中心との関係について考えたりする。	既習であることについての論拠を明らかにしようしたり，数学で学んだ知識と日常事象とを関連づけようとしたりする。

ユニバーサルデザインの授業づくりに向けて

　学びの土台として，「授業の実際」の(1)で相似の中心がどこにあるのか見当がつかない生徒もいるのではないかと思います。その場合，教科書にあるような，図形の内部に相似の中心をとって，その図形を$\frac{1}{2}$に縮小した図形をかき入れる問題をもとに考えさせたり，動的幾何学ソフトウェアで相似な位置にある図形をいろいろと動かして観察させたりしてみるとよいでしょう。学びの成果としては，異なる縮尺の地図を実際に使って考察を行い，上下でたった1箇所だけ同じ場所で重なっているところが相似の中心であることに気づかせたいところです。

学びの土台	学びの過程	学びの成果
●		●

授業の実際

(1) 相似の位置にある三角形の性質に気づく

T 右の図で QR//BC のとき，相似の中心を作図しましょう。

S1 相似の位置に置かれているわけなので，相似の中心は，対応する頂点を結んだ直線の交点になります。

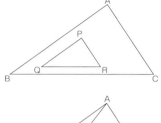

T 具体的には，どのように作図しましたか？

S1 直線 AP と直線 BQ をかき，その交点を求めました。

T それでは，その点を O としましょう。さて，直線 CR を引いてごらん。どうなりましたか？

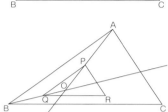

S2 直線 CR は点 O を通っています。

T なぜ，直線 CR は点 O を通るのでしょうか？

S3 点 O は相似の中心だから，対応する2点C，R を通る直線も点 O を通ります。

> **ポイント** 相似の位置にある2つの三角形の関係について，根拠を示して説明します。

(2) 相似の位置にある図形の頂点の関係を掘り下げて検討する

T 改めて質問します。直線 AP と BQ の交点 O を直線 CR は本当に通るのでしょうか？

S1 相似の位置にあるから，当然「通る」でよいのではないですか？

T 相似の位置にある図形の性質がなぜ成り立つかという質問です。

S2 当たり前のことなので，どうやって考えたらよいかわかりません。

T 直線 CR が点 O を通らなかったとしたら，どんな図になりますか？

S2 通らなければ，直線 CR は直線 AP や BQ と O 以外の点で交わることになります。

S4 直線 CR と直線 BQ の交点を O 以外の点 S になったとします。△ABC と△PQR は相似で対応する辺の比は等しいから，AB：PQ=BC：QR=CA：RP　また，△OAB と△OPQ も相似で AB：PQ=AO：PO=BO：QO です。
同様に，BC：QR=BS：QS=(BO+OS)：(QO+OS)だから，BO：QO=(BO+OS)：(QO+OS)　これを整理すると，BO=QO となってしまい，点BとQが同じ点ということになりおかしいです。だから，直線 CR は点 O を通らなくてはならない。

> **ポイント** 相似な図形の位置についての性質である，対応する点を結んだ直線が1点で交わることが確かにそうなっているかどうかを検討します。

(3) 異なる縮尺の地図を重ねるときに起こる不思議を考察する

T　同じ場所を，A6（地図A）とA4（地図B）にコピーした同じ縮尺の2枚の地図があります。相似比はいくつですか？

S1　1：2ですよね。

T　地図Aを地図Bに平行に重ねます。

S3　重ねる位置はどこでもいいのですか？

T　地図Aが地図Bからはみ出さなければ，どこでもいいです。さてこのとき，AとBは，上下でたった1か所だけ同じ場所で重なっているところがあります。どこだろう？

S1　本当なのかな？　何か信じられないな。

T　では，これから説明することを実際にやってみてください。地図Aの四隅の点をP，Q，R，S，Bの四隅をA，B，C，Dとします。地図AとBが重なっている点はBの中で，しかも四角形PQRSで囲まれた内側でなければならないことはわかりますか？

S2　それはそうです。もし重なっているとすれば，四角形PQRSの外側のはずがない。

T　それでは，地図Bに，重なった点P，Q，R，Sの4点の位置に印をつけ，そこに点A_1，B_1，C_1，D_1と順に名前をつけましょう。重なっている点は，あるとすればどこですか？

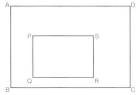

S3　当然，地図Aの四角形$P_1Q_1R_1S_1$の内側になります。

T　すると一致する点は，地図Bでも四角形$P_1Q_1R_1S_1$の内側になりますよね。この範囲を地図Aにとってみましょう。上下重なる点は，少なくともその中にあります。

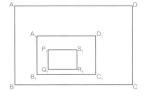

S2　確かにそうだ。とすると，この操作を繰り返していけば，重なっている点がわかるということですね。

T　その通りです。この操作を続けていって，上下の地図の重なる点を見つけましょう。

S1　もうこれ以上，点はとれないな。1点になっちゃった。

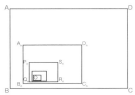

T　その点をOとすると，点Oは四角形ABCD，PQRSとどんな関係の点ですか？

S4　これ，相似の中心ではありませんか？

T　本日やったことは，縮小写像の原理にしたがい相似の中心を求めたということです。相似の中心とは，同じ比率でどんどん縮小していったときに最後は1点に収斂する点です。

ポイント　概念としての相似の位置及び相似の中心について，縮小写像の原理にしたがい，具体的にそれはどのような操作を繰り返して得られる点か経験的に理解するようにします。

24 中点連結定理を用いて図形を考察すると？

図形

中点連結定理

授業の概要

任意の四角形 PQRS の各辺の中点でつくられる四角形 ABCD において（右の図），それぞれの四角形のもつ条件同士の関係を，ICT の活用（ここでは動的幾何学ソフトウェアを利用）を通して考察します。

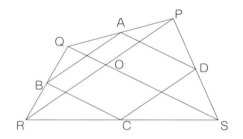

問題

(1) 任意の四角形 PQRS の各辺の中点でつくられる四角形 ABCD は，どんな特徴をもつ四角形でしょうか。

(2) ICT（動的幾何学ソフトウェア）を用いて，任意の四角形 ABCD を作図し，そこから4頂点が四角形 PQRS の各辺の中点となるように作図することを考えます。4点 A，B，C，D を移動させながら，四角形 ABCD と四角形 PQRS との関係を調べ，わかったことをまとめましょう。

授業のねらい

任意の四角形 PQRS の各辺の中点でつくられる四角形 ABCD をつくると，中点連結定理から，四角形 ABCD は平行四辺形になることがわかります（必要性）。逆に，四角形 ABCD から四角形 PQRS をつくることを考え，同じ結論に達することを学びます（十分性）。

生徒につかませたい数学の本質

　本授業において，生徒につかませたい数学の本質には，まず，生徒が与えられた図形に中点連結定理が仮定する条件を見いだし，中点連結定理を適用することで，演繹により図形の性質を発見することにあります。そして，生徒が，中点連結定理を図形に適用することにより得た事実に対して，問題となる事象を組み替えることで，ICTを活用した操作をもとにして得た情報を帰納的に推論することにより，演繹された事実を確認することにあります。

　また，事象を異なる面から考察する活動を通して，生徒が多面的な見方・考え方を身につけることや，「○○であるべき」という必要性にもとづいた考え方と，「○○であるためには△△でなければならない」という十分性にもとづいた考え方により，同じ事実に対して，必要十分な関係であるかどうかを検討する見方・考え方を生徒が体験することにあるのですが，これらの活動を通して，図形の包摂関係についても生徒が学べるようにします。

知識及び技能	思考力，判断力，表現力等	学びに向かう力，人間性等
中点連結定理を適用して論じる中で，論証における必要性や十分性について知り，図形の包摂関係がわかる。	与えられた問題事象において，自ら仮説を立て，それをICTの活用によって確認し，根拠をもって立証する。	ICTを通して直感的に見いだしたことを帰納的に推論したり，演繹された事実を確認したりしようとする。

ユニバーサルデザインの授業づくりに向けて

　図形を動かして観察することは，動的幾何学ソフトウェアだけでなく，電子教科書などのデジタルコンテンツでも実現することが可能になってきています。そこで，学びの土台として，生徒が自分で図形を動かしながら観察できる機会をもつようにしましょう。印刷されとまったままの図形からは何も見えてこない生徒でも，図形を動かして帰納的観察を行うことで「常に成り立っている（ように見える）」ことに気づくことがあります。その発見から，「本当にいつでも成り立っているだろうか？」と検証したり，あるいは「なぜ成り立っているのだろう？」と考えたりする必然性が生じてきます。その過程が結果として，証明することにつながっていきます。多くの生徒にとっては，証明になっていく過程の共有が大切ですので，教師が図形を動かしながら説明することによって，生徒の貴重な学びの機会が奪われるかもしれません。

学びの土台	学びの過程	学びの成果
●	●	

授業の実際

(1) 任意の四角形 PQRS と四角形 ABCD の関係を調べる

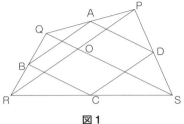

図1

T 任意の四角形 PQRS とその各辺の中点を結んでつくられる四角形 ABCD との関係を調べます。不等辺四角形 PQRS の各辺の中点を結んでつくられる四角形 ABCD はどのような四角形だといえますか？

S1 中点連結定理より，PR＝2AB＝2CD，QS＝2AD＝2BC で，四角形 ABCD は常に平行四辺形になります。

S2 私も四角形 ABCD は平行四辺形だと思いますが，中点連結定理より AB//PR，CD//PR，BC//QS，AD//QS だからです。

T 中点連結定理に着目したのは同じですが，根拠となる性質が異なりますね。四角形 ABCD が長方形であるとしたら，それは PQRS がどのような図形の場合ですか？

S3 四角形 ABCD が長方形ということは，辺 AB と AD が垂直の場合なので，それぞれに平行な対角線 PR と QS とが垂直に交わっている場合だと思います。

T なるほど。それでは，四角形 ABCD がひし形のときは，PQRS はどんな四角形？

S4 AB＝AD なんだから，PR＝QS でしょ。対角線の長さが等しければいい。

> **ポイント** 四角形 PQRS が与えられてはじめてつくられる四角形 ABCD ですが，四角形 ABCD の形状からもとの四角形 PQRS の形状を逆に推論させる点に面白さがあります。

(2) 四角形 ABCD からもとの四角形 PQRS の形状を考察する

T 逆に，四角形 ABCD から四角形 PQRS の性質を考えてみましょう。図2のように頂点 A が中点となるように線分 PQ をとり，点 Q，R が点 B について点対称，点 R，S_2 が点 C について点対称，点 P，S_1 が点 D について点対称になるようにします。S_1 と S_2 が重なるとき，四角形 PQRS ができます。点 A，B，C，D を移動させてみましょう。

S4 とりあえず図3のように点 A だけ移動させてみました（まず R，C，S_1，S_2 が一直線上）。次に図4のように，S_1＝S_2 にすると，四角形 ABCD は，不等辺四角形だったのが平行四辺形のようになりました。

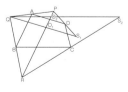

図2

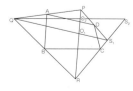

図3

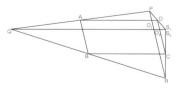

図4

> **ポイント**　ICTを用いることで生徒自らが四角形 ABCD から逆に四角形 PQRS をつくり，四角形 ABCD を変形させることで四角形 PQRS との関係を調べることができます。

(3) **四角形 ABCD が平行四辺形以外の形になる場合がないか調べる**

T　S4君の発言では，任意の四角形 ABCD だったのが，$S_1 = S_2$ にして四角形 PQRS をつくった段階で，四角形 ABCD は平行四辺形になったとありました。四角形 ABCD は，平行四辺形以外になることがあるのか，あるとすればどんな形か，そのとき，四角形 PQRS はどんな条件の四角形かを調べましょう。

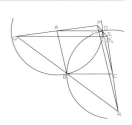

図5

S2　BC = CD としたとき，$S_1 = S_2$ とするとひし形になりました（図5）。円をかいたら，AB = AD になったからです。

T　他の条件を設定した人はいますか？

S3　僕は，BC ⊥ CD となるようにしてみました。すると，四角形 ABCD は長方形になりました（図6）。

T　どうして長方形と言えますか？

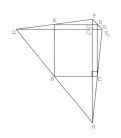

図6

S3　そもそもが四角形 ABCD は平行四辺形なのだから，向かい合う角は等しくて，1つの角が直角なのだから隣り合う角も直角になります。

T　それ以外の四角形がつくれた人はいますか？

S4　私もS3さんと同じように，BC ⊥ CD で考えました。そのうえで，BC = CD としたら，まず台形になって，それから点Aを動かしてS1 = S2 とすると，四角形 ABCD は正方形に見えます（図7）。

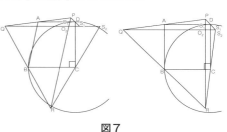

図7

S3　それ，本当に正方形だよ。だって，S2さんによれば BC=CD のとき，ひし形だったんだよ。僕が BC ⊥ CD にしたら長方形になったんだから，長方形でかつひし形となる図形って，正方形しかないじゃないか。

T　はじめに確認したように，四角形 ABCD が長方形，またはひし形となるのは，四角形 PQRS の対角線が直交するか長さが等しい場合でした。四角形 ABCD が正方形となるためには，四角形 PQRS も，対角線の長さが等しく直交する必要があったわけです。

> **ポイント**　四角形 PQRS と四角形 ABCD の形状の考察では，(1)での必要性と(2)(3)での十分性とが一致することが確認できます。また，図形の包摂関係についても確認できます。

25 三角形の相似条件の証明を考えよう

図形

平行線と線分の比

授業の概要

中学校数学では論証の論拠としている三角形の相似条件は，我が国の数学教育の体系においては，論証の対象外となっています。そこで，まず「対応する2角がそれぞれ等しい三角形は相似となる」ことについて，中学3年生の既習を再構成することにより，論証の対象として取り上げ，証明を完遂させます。これは，他の相似条件の論証の根拠となります。

問題

(1) AD：AB＝AE：AC ⇒ DE//BC…①
 AD：DB＝AE：EC ⇒ DE//BC…② を証明しましょう（図1）。

(2) 図2で，$a:b=S_1:S_2$ となるのはなぜですか。

(3) 線分ADが∠Aの二等分線のとき，AB：AC＝BD：CDはどのように証明できますか（図3）。

(4) 2つの三角形について，対応する2角がそれぞれ等しいとき，対応する辺の比が等しいことを，図4を参考にして証明してみましょう。

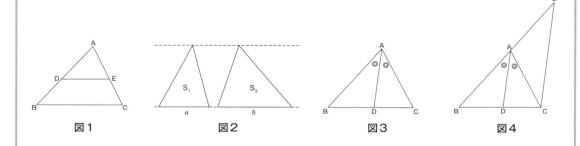

図1　図2　図3　図4

授業のねらい

既習をもとにして演繹することを論証と学習させているにもかかわらず、三角形の相似条件など、論拠が示されていないことを論証の論拠としている実態の改善に向け、既習から論述できることを経験させ、論証の根拠は論述する必要があることを理解させます。

生徒につかませたい数学の本質

命題「平行線と線分の比」を、「高さの等しい三角形の底辺の長さと面積が比例すること」を用いて、三角形の相似条件は既習から論証可能であるということを学ぶことをねらいとします。紙幅の関係で、2つの三角形において、「対応する2つの角が等しいとき、2つの三角形は相似である」ことを取り上げたにすぎませんが、この命題から、「対応する3辺の比が等しいとき、2つの三角形は相似となる（右の図上）」や、「対応する2つの辺の比とそれらの間の角が等しいとき、2つの三角形は相似となる（右の図下）」を証明することができます。背理法が教科書に示されている現在、三角形の合同条件も論証の対象としてみようという気持ちを想起させることも期待します。

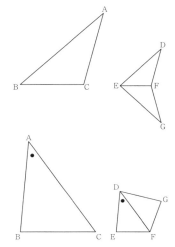

知識及び技能	思考力，判断力，表現力等	学びに向かう力，人間性等
三角形の相似条件は論証可能であることがわかる。	類似の図形を未習の課題に対して適用して考える。	新たに学んだ定理を、既習から演繹しようとする。

ユニバーサルデザインの授業づくりに向けて

生徒の中には、証明が求められるものと、証明なしに前提として用いることができるものとの区別がつかず、とまどう者もいます。三角形の合同条件も相似条件もユークリッド原論ではいずれも示されるべき命題です。学びの土台として、根拠としての小学校の既習を適切に見きわめ、それらの命題を示してみたいという意欲を育てる、学びの成果につなげていきます。

学びの土台	学びの過程	学びの成果
●		●

授業の実際

(1) 平行線と線分の比に関する一般的な証明をする

T 図1において，①と②を証明しましょう。

S ①は，△ADE と△ABC において，対応する辺の比が等しく，それらの辺の間の角∠A が共通なので△ADE ∽△ABC　よって，∠ADE=∠ABC より，同位角が等しいので DE//BC

S ②は，AD：AB = AE：AC = t：1 …③　とおいていいですか？

T そうすると，どうなるの？

S AD = tAB，AE = tAC となるので，左辺= AD：DB = AD：(AB − AD) = tAB：(1 − t)AB = t：(1 − t)，同様に右辺= t：(1 − t) となり，②が成り立ちます。

T S2さんの証明は代数的ですね。図形の性質を使って証明できる人はいますか？

S 図のように AB//CF となる点 F をとると，錯角が等しいので∠ADE =∠CFE，対頂角は等しいので∠DEA =∠FEC，だから，△ADE ∽△CFE で，AD：CF = EA：EC，②が成り立つので BD = CF，一組の向かい合う辺が平行で長さが等しいので，四角形 BCFD は平行四辺形で，DE//BC です。

T 以上の証明は三角形の相似条件が前提だね。相似条件はどう証明したのだったろうか？

> **ポイント** 三角形の相似条件を前提としない証明に意識を向けさせ，証明につなげます。

(2) 底辺の比と面積比によるアプローチをとる

T 平行線の中にある2つの三角形に対して，$a:b = S_1:S_2$ となるのはなぜだろうか？

S 三角形の面積は，底辺×高さ÷2だからです。この場合，高さが共通なのだから，面積と底辺は比例します。

T この考えを用いて，①が証明できないだろうか？

S 線分 BE と CD を結ぶと，AD：AB =△ADE：△ABE　同様に，AE：AC =△AED：△ACD　△ABE と△ACD は，△ABC から△FBC を引いたものなので面積は等しいから，①が成り立つ。

S その方法なら，②も同じように証明できる！

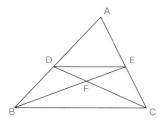

> **ポイント** 小学校での学習内容をもとにした証明も可能なことを示します。

(3) 三角形の相似条件の証明に使える考えで証明する

T 線分 AD が∠A の二等分線のとき，AB：AC = BD：CD はどのように証明できる？

S 図3に，図4のように AD//EC となるように直線 BA 上に点 E をとると，平行線と線分の比から，BA：AE = BD：DC　また，平行線の錯角と同位角はそれぞれ等しく，△ACE は二等辺三角形なので，AE = AC　だから，AB：AC = BD：CD

T 補助線をかき入れた図（図4）は，平行線と線分の比を表す図をつくっている点に注目してください。このアイデアを利用して，対応する2角がそれぞれ等しいとき，対応する辺の比が等しいことの証明を考えましょう。

> **ポイント**　平行線と線分の比を用いることで得られる有名な定理の証明を用います。

(4)「対応する2角がそれぞれ等しいとき，対応する辺の比が等しい」の証明をする

T 2つの三角形が相似であるとき，どんな性質がありましたか？

S 対応する角の大きさがそれぞれ等しく，対応する辺の比が等しいことです。

T すると，△ABC と△DEF で∠B = ∠E，∠C = ∠F であればどんな性質がありますか？

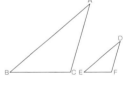

S ∠A = ∠D，AB：BC：CA = DE：EF：FD です。

T それでは，それを証明しましょう。平行線と線分の比の図をつくってみるといいですね。

S 右の図のようにしてみたら，平行線と線分の比の図に似た図になります。この図では，辺 BC，EF が一直線で，AC//GF，BG//CD となるように点 G をとっています。このとき，四角形 ACDG は平行四辺形なので，AC = GD，AG = CD　また，AC//GF より，BA：ED = BA：AG = BC：EF　さらに，BG//CD より，BC：EF = GD：DF = AC：DF　よって，比の順を入れ替えてまとめると，AB：BC：CA = DE：EF：FD が示せます。

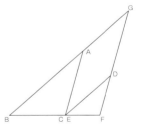

T 残りの角が等しいことは？

S 残りの角が等しいことは，三角形の内角の和が2直角であることから自明です。

T うまく図がつくれましたね。これが三角形の相似条件のうちの一つの証明です。では，この結果を用いて，三角形の相似条件のうち，残りの二つの証明を考えてみましょう。

> **ポイント**　三角形の相似条件は，小学校で学んだ事柄から出発して，順番に証明していくことができます。さらに他の二つの相似条件もこの条件を根拠に証明することができます。

26 円周角の定理を論証に活用してみよう

図形 / 円

授業の概要

正方形の折り紙の中に直角三角形をつくって切り離し，操作活動によって三平方の定理を導く方法（アナイリチによるピタゴラスの定理の証明）が証明といえるかどうかを検討し，操作による教示が証明となるために必要な条件を考察させ，仮定のもとで，一般性の保証と正確な演繹を通して，円周角の定理によって一般性が保証されることを導きます。

アナイリチによるピタゴラスの定理の証明とは，次の通りです。

図1のように一辺の長さが c（>0）である正方形 ABCD の中に正方形の一辺を斜辺とし，他の二辺が a（>0），b（>0）とする合同な直角三角形を2つ作図し，それを切り離す。△EBC と △FCD をそれぞれ点B，Dを中心にして図2のように斜辺が AB，AD と重なるように回転させ，図形 AE'BEFDF' をつくる。このとき，図3のように $a^2 + b^2 = c^2$ を得る。

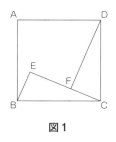
図1

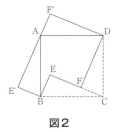
図2

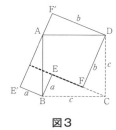
図3

問題

アナイリチによる三平方の定理の証明は，数学的な証明といえるでしょうか。もしいえるとするならば，証明のどのような用件を満たしているからなのか，またいえないとするならば，どのような用件が不足しているからでしょうか。

授業のねらい

　証明するとはどういうことかについての理解が乏しいために，証明は覚えるものという意識をもつ中学生は少なくありません。何を行えば証明として認められるのか，証明には何が必要とされているかを，具体的な証明をもとに議論を通して理解させていきます。

生徒につかませたい数学の本質

　アナイリチによる三平方の定理の証明を学ぶと同時に，この証明方法を通して，証明とは何をどのようにすることによって成立するかを学ぶことをねらいとします。

　まず，操作活動は証明となるかどうかを検討します。小学校では，任意の三角形から3つの頂角を切り離し，頂点を一点に重ねて各辺を重ならないように並べたとき，外側の2つの三角形の辺は一直線上に並ぶ経験から，三角形の内角の和が2直角となることを学びました。中学校2年で論証を学ぶ折，操作によって現象を示しただけでは証明にならないことを学びます。

　アナイリチによる方法は操作的証明ですが，操作の対象は数学の対象として精密に記述できます。このことを確認し，さらに一般性について言及するとき，操作活動ではなく論証として示さねばならないことに気づかせ，円周角の定理により一般性が保証されることを知ります。

知識及び技能	思考力，判断力，表現力等	学びに向かう力，人間性等
アナイリチによる三平方の定理の証明を知り，円周角の定理により一般性を保証できることがわかる。	証明の一般性とは何かを考察したり，円周角の定理が証明の一般性を保証することを見通したりする。	操作的証明にひそむ数学的な原理について，操作活動ではなく論証として示そうとする。

ユニバーサルデザインの授業づくりに向けて

　三平方の定理の証明には，図形を動かして観察するなど生徒にとって考えやすいものがあります。そこで，学びの土台としては，生徒に折り紙を配付し，手元で図形を操作しながら納得できるようにすることが大切です。また，学びの成果として，既習である円周角の定理を活用して一般性を保証するなど，定理がのちの証明につながるという実感をもたせたいものです。

学びの土台	学びの過程	学びの成果
●		●

授業の実際

(1) アナイリチによる三平方の定理の証明を知る

T　正方形の折り紙の4頂点をA，B，C，Dとし，そこに直角三角形EBCをつくりましょう。EBの長さをa，CEの長さをb，正方形の一辺をつくりcとします（図1）。次に，△EBCと合同な△FCDを図のようにつくり，それらをはさみで切り離します。切り離したら，机の上に置きます。

S2　みんなできたようです。

T　それでは，私と同じ操作を一緒にしましょう（図2）。この図はどんな図形が組み合わさってできていますか？

S3　正方形が2つです（図3）。

T　それでは，面積はどう表せますか？

S3　a^2+b^2です。

S1　あと，もとの正方形の面積はc^2です。

S2　面積で見ると，$a^2+b^2=c^2$になります。

> **ポイント**　折り紙の中に合同な直角三角形を2つつくり，それを切り離して操作することが検討すべき対象となっていて，生徒にとって身近な題材として設定されています。

(2) 証明の是非を検討する

T　これは，9世紀のアラビアの人でアナイリチという人が考えた三平方の定理の証明方法といわれています。さて，アナイリチの方法は正しい証明といえるでしょうか？

S2　ちゃんと図形の長さを文字でおいて，図形の示す量をその文字で表しているわけだから，証明といってよいと思います。

S4　僕はよくわからないんだよ。紙を切って操作して正方形が2つできたら三平方の定理が成り立つというのは，証明とはいえないと思うんだよ。小学校のときに，三角形の角を3つ切り離して頂点を一か所に集めたら180°だから，三角形の内角の和は180°ってやったけれど，これって証明じゃないでしょ。

S3　だけどこの場合には，もとの図形が正方形で，そこに直角三角形をつくってそれを移動したわけで，できた図形も2つの正方形だって証明できるし，三角形の頂点を切ったときのとは違うんじゃないかな？

S5　私は，この方法は証明としていいと思います。ただ一般性については，別に証明が必要じゃないかと思うんです。いくら，いろいろな大きさの角度の直角三角形だからといっても，すべての直角三角形で成り立つことを示したわけではありませんから。

> **ポイント** 操作によって示された現象は，操作の説明としての位置づけなのか，論述の根拠としての位置づけなのかが，論証の成否を判定することに気づかせます。

(3) 一般性の証明をする

T 議論を整理すると，もとの図形とできあがった図形に対して，図形の性質に したがって論理的に説明がつけば単なる操作を示したのではなく証明になるということと，一般性を確保すれば証明として認められるということでした。意見のある人はいますか？

S1 △EBCが∠BEC＝90°の直角三角形となるためには，点Eは必ず正方形の中に存在します。点Eが正方形ABCDの外にきたとすると，∠BEC＜90°となってしまう。

S3 もし頂点Eが辺CDの右外にあった場合，∠BECは鋭角になってしまい，直角三角形ではなくなります（図4）。

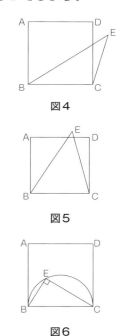

図4

図5

図6

S2 私もそう思います。点Eが辺DAより上側にきたとしたら（図5），∠BECは辺BCを一辺とする正三角形の一つの内角60°よりも小さくなってしまい，決して直角三角形にはなりません。だから，S3さんのと合わせると，点Eはもとの正方形ABCDの内側にこなくてはなりません。

S4 私もS1さんやS2さんに賛成なのだけれど，ちょっと違うことを考えました。というのは，∠BEC＝90°なんですよね。すると直径に立つ円周角は90°なので，点Eは，辺BCを直径とする半円の円周上にしかこないことになります（図6）。だから，△BECが直角三角形ならば，点Eは必ず正方形の中にきます。また点Eは，頂点Bから頂点Cに円周上を連続的に移動するので，∠BECは，0°から90°まで連続的に変化します。だから，△BECはすべての直角三角形にできるので，アナイリチの方法は，一般性のある証明だといえると思います。

> **ポイント** 個別の事象を包括する論拠として，一般性のある定理（円周角の定理）を挙げ，その定理による演繹から操作的活動が論証として認められることを理解します。

〈参考文献〉
・長谷川栄（1966）「教材構成におけるエクセンプラリッシュ方式の意味」『山田栄博士退官記念論文集「教育課程と世界観」』，pp.198-222
・Wagenschein, M.（1970），*Ursprüngliches Verstehen und exaktes Denken I*，Ernst Klett Verlag

27 コピー用紙からつくられる四面体の高さは？

図形

三平方の定理

授業の概要

縦の長さ1としたコピー用紙を右の図のように折ると（図1），四面体ができます（図2）。この四面体に対して，投影的な見方や切断面を考えることにより，四面体の高さがどこに表れるかを同定し，三平方の定理を用いて計算します。

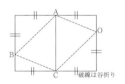

図1　四面体の折図

問題

　　図2の四面体 O-ABC の高さ OH は，△ODA の高さ OH と一致します。
　　よって，△ODA の高さ OH を三平方の定理を用いて立式し，計算で求めることを考えます。そこで，図3の3辺の長さが a, b, c で与えられた△ODA の高さ OH は，

$$HA = \frac{a^2 + b^2 - c^2}{2a}$$ より，$$OH = \sqrt{b^2 - \left(\frac{a^2 + b^2 - c^2}{2a}\right)^2}$$ と表せます。

　　このことから，図2の四面体 O-ABC の高さ OH は，△ODA において，辺 DA を底辺と見たときの高さとなります。

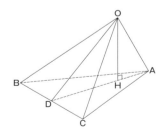

図2　四面体の高さ

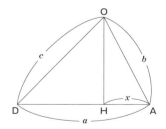

図3　三角形の高さ

授業のねらい

立体を，見取図として概観的に捉えるだけでなく，自分で組み立てた立体を手に取って観察することで，投影的に観たり，必要な平面による切断を考えたりして，三平方の定理を計量に適用させていくことができるようにします。

生徒につかませたい数学の本質

本授業では，「高さ」をどのように見いだし，どう求めるかにその本質があります。

高さとは，頂点と底面との距離のことですので，立体を投影的に観ることで，高さの表れる平面を見いだし，切断を考えます。その切断面に現れた三角形に対して，既習である三平方の定理の活用により三角形の高さを求める問題に置き換え，実際に計算していきます。生徒は，立体に対する計量を行う場合，既習の平面図形に帰着させるよう解決の方針を立てられるようにします。また，計算の結果，既習の表現とは異なる形で表される数を見いだすことになります。しかしながら，そのような表現による数の存在も，生徒には学ばせたいところです。

知識及び技能	思考力，判断力，表現力等	学びに向かう力，人間性等
図形を投影的に捉え，切断面に三平方の定理を活用して高さを求めることができる。	立体の投影的に観ることで，高さの表れる平面を見いだし，切断して考える。	立てた方針をもとに，文字を用いて立式し，式変形の結果を立体に適用しようとする。

ユニバーサルデザインの授業づくりに向けて

この教材では，求める高さに二重根号が含まれますが，そうであるからといって中学校で扱うことができないと考えるのは早計です。なぜなら，ここでは二重根号を教えることがゴールではないからです。また，ユニバーサルデザインの授業づくりというと，簡単な内容を扱わなければならないのかといえば，必ずしもそうとは限りません。本授業のポイントは，コピー用紙から簡単に四面体をつくることができ，その高さを三平方の定理を用いて求めることができるという学びの過程にあります。また，学びの成果は，既習をどのように用いて高さを求めるかにありますので，場合によっては，計算はICTで行ってもかまいません。

学びの土台	学びの過程	学びの成果
	●	●

授業の実際

(1) 三平方の定理の活用を確認する（三角形の高さの計算）

T　△ABC において，AB = 7，BC = 5，CA = 6 とするとき，
　　△ABC の高さ AH を求めましょう（図4）。

S1　ヘロンの公式って聞いたことがあるけれど，それを使うんですか？

T　よく知っていますね。けれども今日は三平方の定理を用いて求めてみましょう。

図4

S2　△ABH に三平方の定理を当てはめると $AB^2 = BH^2 + HA^2 \cdots ①$　となるけれど BH がわからないから，AH は求まらないや。

S3　△AHC から $AC^2 = CH^2 + HA^2 \cdots ②$　だから，CH を x か何かでおいてやると，①も②も x の式になるね。

S2　HA が共通だから，$AB^2 - BH^2 = AC^2 - CH^2$ で，条件を代入すると x の式になる。

S1　やってみよう。$AH = \dfrac{12}{5}\sqrt{6}$ になった。

> **ポイント**　数値が比較的きれいに収まる値にします。また，三平方の定理により立式できる式を板書し，一つの式につくり直せることを暗に示唆します。

(2) 問題事象を確認する

T　コピー用紙に図1のような線をかき入れてみましょう。このとき，
　　△ABC は二等辺三角形になります。

S2　確かに二等辺三角形になった。

T　どうやって確認しましたか？

S2　線分 AB は線分 AC にちょうど重なったからです。

図5

T　それでは，コピー用紙の短い辺の長さを1とすると，長い辺の長さはどうなりますか？

S1　$\sqrt{2}$ になった。

T　はい，長い辺は $\sqrt{2}$ になります。図の点線を谷折りにすると，何ができましたか？

S3　こうするんじゃないの？　図5みたいな四面体ができた。

T　この四面体の高さはどのくらいなのでしょうね？

> **ポイント**　問題事象をしっかり把握させるために，必要な値を計算させます。ここでは，必要な長さが1と $\sqrt{2}$ の2種類であることを意識化させます。

(3) 四面体の分析をする

T 　四面体の見取図をノートにかきましょう。高さを OH とすると，どんなことがわかりますか？

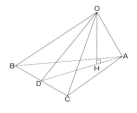

図6

S3 　OH は，底面の△ABC の∠A の二等分線上にきます。

T 　どうしてそういえますか？

S3 　だって，この四面体（図6）は，辺 BC の中点を D とすると，ちょうど辺 OA と点 O と点 D を通る面で対称になっているからです。

S4 　S3さんは，△OAD がつくる面で対称になっているっていうんだな。

S2 　先生，OH は底面の△ABC に垂直なんですよね。

T 　OH は四面体 O-ABC の高さだから，垂直といえますね。

S2 　どこかに垂直な線はあるのだろうけれど，点 O って線分 AD のどこにくるんですか？

T 　いい質問ですね。皆さん，高さ OH の点 H は線分 AD 上のどこにくるのでしょうか？

S3 　S2さんの質問には答えられないのだけれど，もとのコピー用紙から考えたら短い辺の長さ AC=1 から他の長さが計算できます。図6で OD＝DA だから，図7で AH=x とおくと，OA =$\sqrt{2-\sqrt{2}}$, OD =$\dfrac{\sqrt{2+\sqrt{2}}}{2}$, DH =$\dfrac{\sqrt{2+\sqrt{2}}}{2}-x$

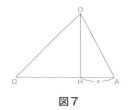

図7

よって，OH^2= OD^2− DH^2=$\sqrt{2+\sqrt{2}}\,x - x^2$

また，OH^2= OA^2− AH^2=$(\sqrt{2-\sqrt{2}})^2 - x^2$

ゆえに，$x = \dfrac{2-\sqrt{2}}{\sqrt{2+\sqrt{2}}}$ となるので，OH^2= OA^2− x^2 から，OH =$\sqrt{2\sqrt{2}(\sqrt{2}-1)}$

何か，ルートの中にルートが出てきてしまいましたけれど，これ正しいんですか？

T 　コピー用紙の都合で，この場合，高さにはルートの中にルートの数が入る形になってしまいます。コレを二重根号といいますが，そういう表し方もあるという程度で深入りしないでおきましょう。S3さんは，どういう方針でこれを求めましたか？

S3 　先に，三角形の3辺の長さがわかれば，高さが計算できることを確認しました。だから，高さ OH は，△ODA の辺が求まれば計算できることがわかるので，OA，OD，DH の長さを求めて，はじめにやった手順で計算しました。

ポイント 　立体では，切断するなどの考え方から既習の平面図形に帰着させて問題解決の方略を立て，既習の手続きにしたがって計算することで，必要な値が求められます。

28 間はスルーしていいの？

関数

関数 $y = ax^2$

授業の概要

関数の定義域から値域を求める問題を考える場面で，定義域の両端のみで値域の両端を判断する考えに対して，$y=ax^2$ のグラフは単調に増加（減少）しているグラフではないことに，生徒がどのように気づいていけるかを，本授業では扱います。

その際，式を用いて計算するだけでなく，クラスの仲間と協力して操作を行いながら，x に対して y が対応している様を，動きとともに理解していけるようにします。

問題

関数 $y = x^2$ について，定義域が次の(1), (2)のようなとき，それぞれ値域を求めたい。どのように考えればよいでしょうか。

(1)　$1 \leq x \leq 4$
(2)　$-2 \leq x \leq 3$

授業のねらい

定義域の両端を調べれば，値域の範囲が求められるという考えに対して，定義域の両端の間で，y の値がどのように変化しているかを理解し，グラフの中で増加と減少の両方が含まれていることを知ります。さらに，今までの関数はすべて単調に変化している関数であったことも振り返ることができます。

生徒につかませたい数学の本質

　定義域から値域を求める問題で得る知識は，二次関数の最大値・最小値を求める問題などでも活用される知識です。このような問題を，生徒がどうして間違えてしまうのかと考えると，グラフの形状を想像できていないことから生じる，単調ではないということの認識の欠如にあります。しかし，これはそれまでに単調でないグラフを経験していないので当然の欠如です。だから仕方がないとするのではなく，初めて出会う知識でも，生徒が果敢にチャレンジしていけるような学習の姿に育てておきたいものです。

　この問題に対して，生徒が細かく表をかいていくことを手段とするなら，生徒は途中でyの値が減少から増加に変わっていることに気づけるでしょう。そのように考えると，関数指導の中で繰り返し大切にされている，表・式・グラフの活用をこのような問題の場面でも行おうとする生徒に育てていきたいものです。さらに，定義域の両端に着目するのは自然なことですが，その間をどのように捉えているかということに着目したいところです。そのために，xの値が変化するに伴って，yの値も変化していくことを実感させていくことが重要です。友と協働的に学習を行うことで，xの値に着目しながら自分がyの値を意識し，定義域の両端だけでなく，その間についても捉えることを大切にします。

知識及び技能	思考力，判断力，表現力等	学びに向かう力，人間性等
式にxの値を代入して，対応するyの値を求めることができる。	定義域の両端のxの値以外の間のxの値に対するyの値を求める必要の有無について考えている。	定義域の両端のxの値の間について連続的に捉えるための活動を互いに協力しながら行おうとする。

ユニバーサルデザインの授業づくりに向けて

　「授業の実際」の(1)の場面で，$x=0$を通る場合，$x=-2$と$x=3$を代入して「値域が$4 \leqq y \leqq 9$になる」のように考えてしまうことは，高校で学ぶ二次関数でもよく見られます。そこで，学びの過程として，(2)のように，指を動かしながら「一回小さくなる」ことを観察させて実感させることが大切です。それが，値域を求める際に，原点を通るかどうかで，何に気をつけなくてはならないか，という学びの成果につながります。

学びの土台	学びの過程	学びの成果
	●	●

授業の実際

(1) 定義域と値域について考える

　問題を提示し，どのように考えればよいか見通しをもつように指示をします。生徒は，いつものように，それぞれが思う解決方法や疑問に思うことなどをメモのようにノートに記述していきます。(1)の設問を解いたあと，引き続き(2)の設問に取りかかるように促すと，生徒たちは同じように解こうとします。そこで誤答が生じるため，追究をしていこうという気持ちになります。

≪見通し≫
Aさん：式に代入していけばよい。
Bさん：（Aさんに関連して）式に x を代入していけば，y の値がわかる。
Cさん：グラフをかいてみると何かわかるかもしれない。
Dさん：x を代入しても結局 y の値はプラスになるから，絶対値の最大と最小を考えればよいのではないか。

T　それでは，$y = x^2$ の定義域が $1 \leq x \leq 4$ のときの値域はどうなるか発表してください。
S　値域は $1 \leq y \leq 16$ になります。$x = 1$ を $y = x^2$ に代入すると $y = 1$ になり，$x = 4$ を代入すると $y = 16$ になるので，値域は $1 \leq y \leq 16$ になるからです。
T　$x = 1$ と $x = 4$ を代入したというのは，定義域の両端ということでいいですか？　例えば，その間の $x = 2$ とか，もっと細かい $x = 1.5$ とかは確認しなくてもいいですか？
S　そういうものは全部確認していたらきりがないので，やらなくていいと思います。
T　異論がなさそうですので，間はスルーということでいきましょう。
　（再び時間を少し取り，(2)の設問を行うように指示する）
T　先ほどと同じように考えてくれた人は，発表してください。
S　(1)と同じように考えると，$x = -2$ を $y = x^2$ に代入すると $y = 4$ になり，$x = 3$ を代入すると $y = 9$ になるので，値域は $4 \leq y \leq 9$ になります。
T　先ほどと同様，$x = -2$ と $x = 3$ の間はスルーでいいですか？　「いけない」と考える者もいるようですが，間をスルーしてはいけないという人は考えを述べてくれますか？
S　$x = 0$ を通っているからだと思います。
T　$x = 0$ を通っていると，なぜ間をスルーしてはいけないのか説明を加えてくれる人はいますか？
T　（少し待つが表現しにくい様子）では，先ほどとどのように違うのか，二人一組で追究をしてみます。

> **ポイント**　最初は定義域を正の部分のみにして，定義域の両端が値域の両端になるようにします。その際に，両端の内側についても議論を行って，間をすべて確認しなくてもよいことを確認します。

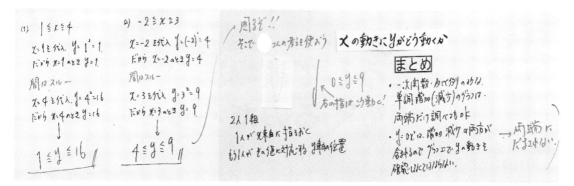

(2) $-2 \leqq x \leqq 3$ の値域を検証する

　二人一組で一方が x 軸に指を置き，他方が y 軸に指を置きます。一方が x 軸上で指を動かし，他方は一方の指の位置の x の値に対応している y の値に合わせるように指を動かします。

T　y 軸に指を置いている人は，値と値を飛ぶのではなく，x 軸の指の動きに合わせて滑らかに動かしてください（生徒は最初動きを確認しながら思い思いに動かし合う）。では，改めて $-2 \leqq x \leqq 3$ の範囲で行ってみましょう。その際に，自分の指の動きがどのように動いているか意識をしましょう。

S　あっ，そうか。4よりも小さくなっている。
S　4から一回小さくなって0までできてから9まで増えていく。
T　気づいたことをまとめて発表をお願いします。

S　$x=0$ を含んでいるときは，間をスルーしてはいけないです。
S　y の値がだんだん減ってきて，$y=0$ になってから今度は増えていくので，定義域の両端だけでは $y=0$ が出てきません。

S　今までのグラフは単純に増えるか減るかだったけど，$y=ax^2$ は両方が含まれているので注意しないといけない。

> **ポイント**　定義域の両端だけでなく，間にも意識を向けるためには，その間を実感しないといけません。そのために，自分で間を表現（今回は指の動き）できるようにすることが必要です。

〈参考文献〉
・根本博（1999）『中学校数学科 数学的活動と反省的経験』，東洋館出版社
・根本博（2014）『数学教育と人間の教育』，啓林館

29 どうして放物線が出てくるのだろう？

関数
関数 $y = ax^2$ の利用

授業の概要

方眼紙を、下の問題に提示した手順で折り目をつけていくと、図1のように放物線のような曲線が表れます。生徒たちも、方眼紙を光にかざすと、「放物線が見える」と驚きます。では、本当にこの曲線は放物線なのか、生徒と一緒に考えていきます。

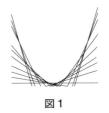

図1

問題

方眼紙の下の余白を切り取り、図2のように下から $1\,cm$ のところに x 軸を、真ん中に y 軸を書き、y 軸上の下から $2\,cm$ のところに点を打ちます。次に、図3のように下に $5\,mm$ 間隔で点を打っていきます。そして、図4のように、下に $5\,mm$ 間隔で打った点を y 軸上の点に順次重ねていき、その都度、紙に折り目をつけていきます。これを左右について行います。このとき、折り目には何が見えるでしょうか。

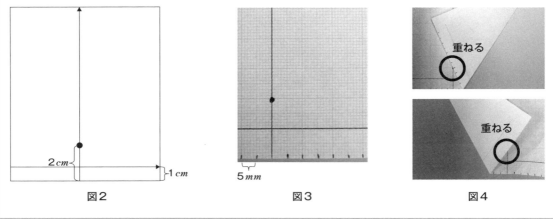

図2　　図3　　図4

授業のねらい

　問題に示した手順で方眼紙を折り曲げていく活動を通して，折り目に表れた曲線を見いだし，さらに，この曲線が本当に放物線であるのかどうかを三平方の定理を用いて考えていくことで，$y = ax^2$ の形で表せることがわかるようにします。

生徒につかませたい数学の本質

　教科書では，関数 $y = ax^2$ のグラフが放物線と呼ばれる曲線であることが扱われています。また，物体を放り投げたときに，その物体の動いた様子が放物線になることや，身近にある放物線について扱っています。ただ，中学生にとっては，ボールや噴水の水など，放り投げられた物体の動きに「放物線」が表れることは，文字通りの現象として捉えますが，パラボラアンテナの形状とのつながりを捉えることは難しいのではないでしょうか。そこで，平行に入ってきた線を焦点に反射するような面を実際に紙を折り曲げながら確かめていき，それを繰り返すことで包絡線をつくります。そして，その曲線が $y = ax^2$ の形で表せることを知ることで，パラボラアンテナを通して，放物線を意味のある曲線として捉えさせていきます。

知識及び技能	思考力，判断力，表現力等	学びに向かう力，人間性等
事象の中には関数 $y = ax^2$ として捉えられるものがあることがわかる。	関数 $y = ax^2$ を用いて具体的な事象を捉え考察し表現する。	既習を活かして，表れた曲線が放物線になる理由を考えようとする。

ユニバーサルデザインの授業づくりに向けて

　本授業では方眼紙の下の余白を切り取ったものを使用していますが，生徒の実態に合わせてワークシートを準備してもよいでしょう。また，重ねて折り目をつける際に，教師が補助につくことも考えられますが，その作業で何を行っているのかがわかるよう，問いを明確にしておく必要があります。生徒によっては，折り目に放物線が見いだせることがゴールになることも考えられますが，なぜ放物線になるのかという過程を，式変形を教師が補いながらも辿らせ，$y = ax^2$ の形で表せるという結論を共有できるようにし，学びの成果につなげます。

学びの土台	学びの過程	学びの成果
	●	●

Ⅰ 授業の実際

(1) 方眼紙を折って，折り目に放物線を見いだす

T 皆さんは，教科書などの写真以外で，パラボラアンテナを見たことはありますか？
S ベランダとかについている，衛星放送のアンテナもパラボラアンテナなんですか？
T 衛星放送のアンテナもパラボラアンテナですね。
S それなら見たことあります。
T 教科書に載っているパラボラアンテナの写真を見てみてください。パラボラアンテナは，例えば宇宙からきた電波を受信機に集めているようなのですが，衛星放送のアンテナも衛星から送られてくる電波を受信機に集中させているのですね。こうして教科書にパラボラアンテナの写真が載っているのですが，皆さんが今，学んでいる放物線とパラボラアンテナは何が関係しているのでしょうか？
S ぜんぜん想像つかない…。
T 例えば，宇宙から電波がやってきたとして，受信機とズレてやってくるものもありますよね（図5上）。
S それだと，素通りしちゃう。
T でも，電波を折り曲げたら受信機に届くでしょ（図5下）。
S 反射させるってこと？
T そうです。今日は，さっき配った方眼紙を使って，皆さんにもこれと同じことを手元で行ってもらいたいと思います。（問題に示した手順で図3の点を打っていく）
T y 軸上の点を受信機として，宇宙からやってくる電波はすべて，平行にやってくるものとします。この 5 mm 間隔の電波を方眼紙を折り曲げて，受信機に集めていきましょう。（図4のように次々と折り目をつけていく）
T 折り曲げていったら，折り目には何が見えるでしょうか？
S え，すごい。放物線になっている。

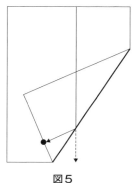

図5

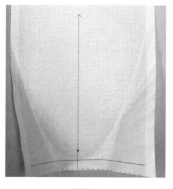

図6

> **ポイント** 衛生放送のパラボラアンテナはオフセット型なので，センターフィード型と形状が異なりますが，身近なものと関連づけて，紙を折る必然性につなげていきます。

(2) **表れた曲線が本当に放物線になっているか確かめる**

T でも，この曲線は本当に放物線なんでしょうかね。

S そう見えるだけかもしれないってこと？

T そうですね。やはり，数学ですから，放物線になるってことを数学的に示してほしいと思います。電波を折り曲げた点の集まりは，本当に放物線なのでしょうか？

S その点がどんな点かを，作図で考えてみたんですけど。

T 作図で考えてみたのですか？

S こんな感じで，点をP，Q，R，Sとおいて，mは入ってくる電波で，ℓは折り目です（図7）。RをPにくっつけるから，ℓはPRの垂直二等分線になって，ℓ上にある点はどこでもPからもRからも等しい長さになります。

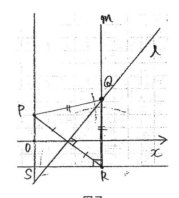

図7

T なるほど，だから点QはPQ＝RQとなる点なのですね。

S あと，電波は真っ直ぐやってくるので，∠QRSは直角です（図7）。

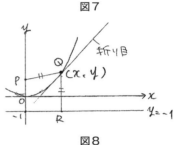

図8

T 確かにそうですね。では点Qの座標を(x, y)として，点P（0，1），点S（0，－1）で考えてみましょうか（図8）。

S ∠QRSが直角だから，QRは$y+1$で表せると思うんですけど，PQはどうやって考えたらいいんですか？

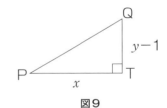

図9

S 三平方の定理を使えばいいんじゃね?! 直角三角形QPTで考えて，QTが$y-1$で，PTがxだからPQ^2＝x^2＋$(y-1)^2$になっている（図9）。

T PQ＝$\sqrt{x^2+(y-1)^2}$で，PQ＝RQですから…。

S PQ^2＝RQ^{2}にして，$\sqrt{}$を外してyについて解くと，$x^2+(y-1)^2=(y+1)^2$から計算して，y^2と1が打ち消し合うから，$4y=x^2$から$y=\dfrac{1}{4}x^2$になります。

T 確かに，$y=ax^2$の形で表せましたね。パラボラアンテナには本当に関数$y=ax^2$のグラフの形が使われているのですね。それでは，もう少し一般化していきましょうか（図10）。

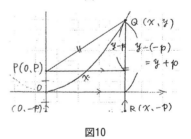

図10

ポイント PQの長さを表す際に三平方の定理を用いますので，この授業を三平方の定理後に行うか，PQの長さをこのように表せることを補って扱ってもよいかもしれません。

30 辞書にある見出し語の総数を調べよう

データの活用

標本調査

授業の概要

　標本調査の活用として，生徒にとって身近な辞書を題材として取り上げ，見出し語の総数を調べるという標本調査を実際に行う機会を設定します。その活動を通して，調査方法の妥当性や調査結果の解釈について考えたり議論したりする場を大切にしていきます。全数調査を行うことが難しい課題に対して，標本調査を行うことによって，そのよさと限界についても考えられるようにします。

問題

> 　皆さんが使用している英語の辞書には，見出し語の総数が書かれています。その総数は本当でしょうか。標本調査を実際に行い，見出し語の総数を推測してみましょう。
> (1)　標本をどのように選べばいいでしょうか。
> (2)　標本の大きさはどれくらいがいいでしょうか。
> (3)　標本調査を行って，見出し語の総数を推測してみましょう。

授業のねらい

　標本調査を活用して身の回りにある資料の傾向を推測するとともに，調査方法や調査結果を班ごとに発表するなど，伝え合い説明する活動を設定することが大切です。本授業では，標本調査によって得られた傾向を母集団の傾向と比較することを通して，抽出方法の妥当性や標本調査の必要性と意義について理解するとともに，その限界について考察することをねらいにします。

生徒につかませたい数学の本質

　標本調査は，テレビの視聴率調査，世論調査，製品の品質検査など日常の多くの場面で使われています。調査方法として全数調査と標本調査のどちらが適しているかは，調査の目的や母集団の性質によって異なること，母集団の傾向を正しく推測するためには無作為に抽出しなければならないなど標本の抽出方法によるところが大きいことを理解させたいと思います。

　標本調査には少ない標本で全体を推測できる特徴がある一方で，万能ではありません。そのためには標本調査を実際に行うことでその理解が深まることが考えられますが，ここでは全数が明らかになっている題材を取り上げ，標本調査の結果をもとに全数との比較を通して，標本調査の信頼性を確認するとともに，標本調査の限界について考えられるようにしていきます。

知識及び技能	思考力，判断力，表現力等	学びに向かう力，人間性等
標本を無作為に抽出して整理するとともに，標本調査の手順を理解する。	標本調査を活用して身の回りにある資料の傾向を推測し，その特徴を説明することができる。	標本調査を活用してその傾向を調べ，日常の問題解決に生かそうとする。

ユニバーサルデザインの授業づくりに向けて

　標本調査におけるランダムサンプリングの例に「スープの味見」があります。スープの味を確かめるとき，当然，すべてを飲み干すのではなく，ひとすくいして味を判断するのでしょう。その際，塩分などが偏らないよう，おそらくは「よくかき混ぜ」ますし，その行為が偏りをなくすのだと考えられます。ただし，この例で仮に原理は理解できたとしても，やはり中学生には，実際に標本調査を行い，全数調査との比較を通じてその信頼性と限界を実感していくことが必要になります。そこで，学びの土台として，「授業の実際」の(1)の場面のように，生徒が共通の課題を共有し，個別の問題意識がもてる程度の実感をもたせることが大切です。辞書は，実際に手に取って調べることができ，極端な例もあり，すべての見出し語をすべて調べる気にはなれない点で，生徒にとって適切です。また，学びの過程においては，(2)や(3)の場面で，サンプル数の妥当性や，無作為抽出とそうでない場合の違いにおける生徒の気づきについて，教師がどう価値づけるかが，生徒の学びにおける判断の基準を育てる鍵になります。

学びの土台	学びの過程	学びの成果
●	●	

▊ 授業の実際

(1) **標本調査を活用してその傾向を自ら調べようとする場を設定する**

　生徒の主体的な取り組みを促すためには，教師が提示する課題に対してそれぞれの生徒が共通の課題を共有し，個別の問題意識をもったうえで取り組むことが理想となります。本時の課題は，生徒の問題意識にもとづくアンケート調査から出発するものではないため，生徒自らが予想し，議論するための場を設定するところから始めてみたいところです。

T　辞書には，見出し語の総数が書かれていますが，この数字は本当でしょうか？　売り上げで他社に負けないために誇張しているなんてことはないと思うけど，実際に数えたことがある人はいますか？

S　辞書に載っている単語の総数を数えるなんて，途方もない作業です。

T　そうだね。何か簡単に単語の総数を数えるためには，どんな方法があるかな？

S　どこかのページを開いて，単語の数を調べ，総ページ倍すればいいと思います。

T　いい考えだね。今私が開いたページだと，見開き2ページで33語かな。

S　先生はどこのページを見ているのですか？

T　take が載っているページを開いたよ。

S　先生，それは極端なページです。見開き2ページのうち1ページ分が take だけで使われています。

> **ポイント**　単語の総数が極端なページを提示し，そこから推測することの危うさに気づけるようにします。危うさに気づいた後は，調べるページをどのように決めたらよいか，どれくらいのページ数を調べたらよいかといった，抽出の方法を議論していきます。

(2) **標本の抽出方法について議論し，共有する**

　極端な例によって抽出された標本は支持されず，どのような標本をどのように抽出すればよいかという議論が始まります。このような議論の中で，標本の適切な抽出方法や標本の大きさについて，考察し共有します。

T　私が先ほど調べたページはよくないみたいだね。どのページを調べればいいかな？

S　バランスよく調べる。

T　バランスよくって，どういうこと？

S　各アルファベットから見開き2ページずつ調べれば平等だと思う。

S　その見開き2ページもランダムに決めればいい。

T　ランダムって，どういうこと？

S 乱数さいとかカードを用意して，どのページも選ばれる確率を同じにすればいい。
T なるほど。その方が平等だね。各アルファベットから選ぶというのはどうかな？
S アルファベットごとの見出し語の数は差があるし，ページ全体から選んだ方がいい。
T 調べるページ数は見開き2ページでいいかな？
S takeみたいに一つの単語で何ページも使うものもあるから，もう少し増やした方がいい。6ページとか10ページとか。

> **ポイント** 無作為抽出とそうでない抽出の違いに気づかせ，無作為抽出が適切であることや標本の大きさも考慮しなければならないことを共有し，標本調査を行う準備を整えます。生徒の日常的な発言を，数学的な表現に改める機会を設定することも抽出方法を選択するための契機ととることを期待します。

(3) 標本調査の結果を共有し，そのよさと限界を知る

　無作為抽出とそうでない抽出によって推測した結果を比較し，標本調査のよさを知ります。比較した結果を振り返り，標本調査から推測できた傾向が必ずしも母集団と一致しないことから，標本調査が万能ではないことを理解します。

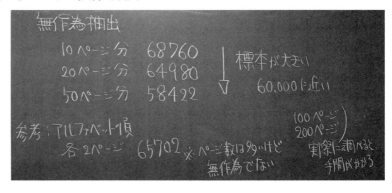

T それでは，実際に標本調査を行った結果を確認してみましょう。
S 無作為に抽出した10ページの単語の総数の平均は38.2個でした。したがって，この辞書には68760個の単語が載っていると推測できます。
S 5人で合わせて50ページを無作為に抽出したら，平均で32.1個でした。58422個と推測できます。
T アルファベットの最初の2ページだけを選んだ場合は，65702個と推測できます。この辞書の見出し語は60000語ですから，比較するとどうでしょうか？
S アルファベットの2ページより，無作為抽出の方が近い値になっています。
S 標本の大きさを比べると，標本が大きい方が近い値です。

【編著者紹介】

北島　茂樹（きたじま　しげき）
明星大学

【執筆者一覧】

坂本　正彦（さかもと　まさひこ）
常葉大学
【第2章　21・23・24・25・26・27担当】

下村　治（しもむら　おさむ）
神奈川県横浜市立洋光台第一中学校
【第1章「生徒の学びを支えるための配慮事項は何だろう？」
　第2章　02・05・06・15担当】

小石沢勝之（こいしざわ　かつゆき）
筑波大学附属中学校
【第2章　10・11・18・19・30担当】

坂巻　主太（さかまき　あるた）
佐久長聖中学・高等学校
【第2章　07・08・09・16・28担当】

中学校数学サポートBOOKS
中学校数学科　ユニバーサルデザインの授業プラン30
UDLの視点で，生徒全員の学びを支える

2018年9月初版第1刷刊　Ⓒ編著者　北　島　茂　樹
　　　　　　　　　　　　発行者　藤　原　光　政
　　　　　　　　　　　　発行所　明治図書出版株式会社
　　　　　　　　　　　　　　　　http://www.meijitosho.co.jp
　　　　　　　　　　　　　　　　（企画・校正）赤木恭平
　　　　　　　　　　　　〒114-0023　東京都北区滝野川7-46-1
　　　　　　　　　　　　振替00160-5-151318　電話03(5907)6702
　　　　　　　　　　　　ご注文窓口　　　　　電話03(5907)6668
＊検印省略　　　　　　　組版所　藤　原　印　刷　株　式　会　社
　　　　　　　　　　　本書の無断コピーは、著作権・出版権にふれます。ご注意ください。

Printed in Japan　　　　　ISBN978-4-18-139826-2
もれなくクーポンがもらえる！読者アンケートはこちらから
→